Reiner Noreisch

Erschaffe Dein Leben neu!

Warum positives Denken
alleine nicht reicht

100%
RECYCLINGPAPIER

Erschaffe Dein Leben neu!

Warum positives Denken alleine nicht reicht.

Reiner Noreisch

Erschaffe Dein Leben neu!
Warum positives Denken alleine nicht reicht
Reiner Noreisch

Gestaltung: Kerstin Fiebig | ad department
Lektorat: Susanne Broos
Druck & Verarbeitung: Westermann Druck Zwickau GmbH

www.weltinnenraum.de

1. Auflage 2016

ISBN print 978-3-95883-030-1
ISBN E-Book 978-3-95883-031-8

Bibliografische Information der Deutschen Nationalbibliothek:
Die Deutsche Nationalbibliothek verzeichnet diese Publikation in der Deutschen Nationalbibliografie; detaillierte bibliografische Daten sind im Internet über http://dnb.d-nb.de abrufbar.

Dieses Buch wurde auf 100 % Altpapier gedruckt und ist alterungsbeständig. Weitere Informationen hierzu finden Sie unter www.weltinnenraum.de.

Die Übungen und Anregungen in diesem Buch sind kein Ersatz für eine medizinische oder psychologische Behandlung. Jeder, der die in diesem Buch präsentierten Techniken anwendet, tut dies auf eigene Verantwortung. Die Namen der Menschen, die mir die Erlaubnis gegeben haben, ihre mit dem Prozess Schöpfer-Transformation gemachten Erlebnisse zu beschreiben, wurden zum Schutz der Privatsphäre abgeändert.

»Wir sind keine Menschen,
die eine spirituelle Erfahrung machen,
sondern wir sind spirituelle Wesen,
die erfahren, Mensch zu sein.«

[Pierre Teilhard de Chardin]

Inhalt

Dritter Teil

Vorwort

Ich begrüße Sie zu einem Abenteuer, das vielleicht das größte Ihres Lebens werden könnte. Dieses Buch begleitet Sie auf einer Entdeckungsreise in bisher unbekannte Gefilde, das Land der unbegrenzten Möglichkeiten. Dieses Terrain gehört zu Ihnen, die Landkarte ist in Ihnen angelegt. Es geht um nichts anderes als um die Entfaltung des unglaublichen Potenzials, das Sie in sich tragen.

Ich gehe diesen Weg schon viele Jahre. Dabei habe ich Großartiges entdeckt, das ich mit Ihnen teilen möchte. Es wird Ihnen helfen, Ihre eigene Landkarte wiederzuentdecken.

Schon in meiner Kindheit bemerkte ich die Kraft der Stille und Inspiration. Ich spürte, dass ich an etwas viel Größeres angebunden bin. Seit nunmehr 40 Jahren beschäftige ich mich mit Spiritualität und Potenzialentfaltung. Ich studierte Psychologie und wurde Psychotherapeut. Eine bewusstseinserweiternde Erfahrung im Jahr 1994 ließ mich meine eigene Schöpferkraft und die tiefe Verbundenheit mit einem größeren, uns allen innewohnenden und verbindenden Bewusstsein erkennen. Es war ein Aufwachen in eine umfassende Realität jenseits von Raum und Zeit. Diese Erfahrung floss in meine weitere Entwicklung und in meine Arbeit ein. 2008 kristallisierte sich schließlich die Methode und der Prozess *Schöpfer-Transformation* in der heutigen Form heraus, mit dem bereits viele Menschen ihr Leben verändern und ihr eigenes Erwachen initiieren konnten.

Ich möchte Ihnen, liebe Leserin, lieber Leser, dabei helfen zu verstehen, weshalb es in Ihrem Leben, in dieser Gesellschaft und auf der ganzen Welt in den letzten Jahren gehäuft Krisen gab und gibt; warum Strukturen wie langjährige Ehen oder Angestelltenverhältnisse nicht mehr funktionieren, wie sie es bis jetzt all die Jahre taten. Ich möchte Ihnen Mittel und Wege aufzeigen, Krisen als Chancen zu nutzen und zu sehen, welchen Sinn die bisherigen Erfahrungen in Ihrem Leben hatten. Dies ist ein Sinn, der über das Persönliche hinausgeht und uns als umfassendes Bewusstsein der Menschheit betrifft. Denn jede Ihrer Erfahrungen stellt einen wertvollen Beitrag für das gesamte Bewusstsein der Menschheit dar.

Wir leben in einer Welt der Gegensätze: Arm und reich, krank und gesund, Krieg und Frieden, Hass und Liebe, um nur einige Beispiele zu nennen. Wir sind hier, um Erfahrungen zu sammeln. Um diese Erfahrungen als Menschen machen zu können, mussten wir als spirituelle Wesen unsere unendlichen Ressourcen begrenzen. Seit es Leben auf der Erde gibt, war dies der Fall. Doch heute leben wir in einer Zeit des Übergangs. Die begrenzenden, alten Muster und die damit verbundenen schwierigen Gefühle befinden sich in einem Prozess der Veränderung und Transformation. Immer mehr Menschen erwachen aus dem Traum der Begrenzung in ihre ureigene Größe und ihr Potenzial. Dieses Buch möchte Sie dabei unterstützen, die alten, nicht mehr notwendigen begrenzenden Muster zu transformieren, damit Sie ein erfülltes Leben erschaffen können.

Schöpfer-Transformation bedeutet, dass Sie Schöpfer Ihres Lebens und Ihrer Lebensumstände sind. Und zwar in einem sehr umfassenden Sinne. Das heißt, Sie verändern Ihr Leben nicht durch bloßes Handeln und Denken innerhalb des Rahmens, den Sie kennen. Sie werden unterstützt von Inspirationen und der Energie Ihres Schöpfer-Selbst. Bisher erschufen Sie Ihr Leben überwiegend unbewusst. Jetzt ist die Zeit gekommen aufzuwachen und bewusst zu erschaffen, was Sie sich wünschen. Ihr Schöpfer-Selbst ist Ihr größeres und bewusstes Selbst, das alles umfasst, was Sie ausmacht, auch Ihre bisher unentdeckten Potenziale.

In diesem Buch stelle ich Ihnen die kraftvolle Methode vor, die ich entwickelt und über viele Jahre intensiv erprobt habe. Sie ist einzigartig, weil

Sie damit Ihr ganzes Potenzial ausschöpfen können. Tief greifende und dauerhafte Veränderungen können nur geschehen, indem Sie sich an das Potenzial des umfassenden Bewusstseins, das uns alle verbindet, anschließen. Das geschieht, indem Sie sich schrittweise mithilfe dieses Buches der verschiedenen Trancezustände, in denen Sie sich im Alltag befinden, bewusst werden und in einer größeren Realität aufwachen. Mithilfe der fünf Schritte, die diese Methode umfasst, werden Sie lernen, Ihre erlebten Begrenzungen, unter anderem in Form von alten Sichtweisen und Glaubenssystemen, zu verändern und zu transformieren.

Schöpfer-Transformation basiert auf drei Grundannahmen:

1. Nichts ist überflüssig, alles hat einen Sinn – auch wenn dieser zunächst verborgen sein kann. Jede Ihrer Erfahrungen ist ein wichtiger Beitrag für das gesamte Bewusstsein aller Menschen. Sie sind genau so, wie Sie sind, unendlich wertvoll. Und Sie können jetzt entdecken, welches Potenzial noch in Ihnen steckt.

2. Krisen und Umbrüche im Leben sind eine Chance zur Veränderung und Transformation. Wir leben in einem Zeitalter des Umbruchs. Wir haben jetzt die Chance aufzuwachen und unser größeres Potenzial zu entfalten. Die Zeit der Begrenzung und der Unbewusstheit endet. Die starken Transformationsenergien dieses Zeitalters beschleunigen die Umwandlung der alten begrenzten Muster.

3. Der Fünf-Schritte-Prozess von *Schöpfer-Transformation* ermöglicht Ihnen, diese Muster beschleunigt zu transformieren. Mit der frei werdenden Energie können Sie ein erfülltes Leben erschaffen.

Das Buch besteht aus drei Teilen. Im ersten Teil des Buches beschreibe ich die fünf Phasen des menschlichen Bewusstseins. Im zweiten Teil entdecken Sie die faszinierenden Elemente, die Sie als Mensch ausmachen und die auf der Gehirnforschung, der Psychologie und der Quantenphysik basieren. Sie entdecken das Wunder, das Sie sind. Der dritte Teil enthält die praktische Anleitung für die Durchführung des Prozesses *Schöpfer-Transformation* und viele Anwendungsbeispiele. Aber auch in den ersten beiden Teilen des Buches wird es schon praktisch: Sie finden dort jeweils vertiefende Impulse und praktische Übungen. Den Prozess der Bewusstseinsentwicklung, der fünf Phasen durchläuft, können Sie sich auch als eine Art Heldenreise vorstellen. Sie sind die Heldin bzw. der Held, bereit, diese Reise zu beginnen und erfolgreich zu vollenden, mit allen Untiefen und möglichen Herausforderungen. Ich werde Sie eine Zeit lang auf dieser Reise begleiten und unterstützen. Ich wünsche Ihnen viel Inspiration und gutes Gelingen!

Reiner Noreisch im Oktober 2015

Einleitung

Verspüren auch Sie eine innere Unruhe, eine Unzufriedenheit mit dem, was nach den Werten unserer Gesellschaft als erstrebenswert gilt? Sind eine gute Ausbildung, ein sicherer Job und Anerkennung für die Leistungen, die Sie erbringen, ausreichend, um glücklich zu sein? Der Alltag beschleunigt sich spürbar, es bleibt kaum Zeit dafür wahrzunehmen, was wir wirklich brauchen. Ich schließe mich dem Psychologen Abraham Maslow[1] an, der mit seiner Bedürfnispyramide aufzeigt, dass erst Menschen, die sich selbst verwirklichen, die ihr ureigenes Potenzial entfalten, wirklich glücklich und erfüllt sind. Die Erfüllung aller anderen Bedürfnisse wie das nach Sicherheit, Geld, sozialer Zugehörigkeit und Anerkennung lassen eine innere Leere zurück. Erst eine Krise schafft dann häufig den nötigen Druck, etwas gegen dieses Gefühl, dass ein Sinn im Leben fehlt, zu unternehmen. Burn-out, eine Krankheit, depressive Verstimmungen, Ängste oder Beziehungsprobleme sind häufig Anlass dafür, dass Menschen ihren Weg in meine psychotherapeutische Praxis finden. Sie beginnen hier an ihren alten Mustern zu arbeiten, weil sie selbst nicht weiterkommen. Psychotherapie ist dabei sehr hilfreich. Allerdings ist es schon viel früher möglich, an sich und den alten einschränkenden Mustern zu arbeiten, es muss nicht erst zu einer Krise kommen.

Immer mehr Menschen greifen zu Ratgebern, die helfen sollen, Wünsche zu erfüllen und das eigene Leben zum Positiven zu verändern. Alte, unbewusste Denk- und Gefühlsmuster werden dabei jedoch meist übergangen. Doch können wir wirklich die Vergangenheit mit unseren begrenzten Mustern ignorieren, wenn wir uns etwas wünschen und unser Leben verändern wollen? Solange Sie sich mit Ihrem Bewusstsein auf einer imaginären Zeitachse bewegen, nehmen Sie auch alle beschränkenden Annahmen und Glaubenssätze aus der Vergangenheit in die Zukunft mit. Eine Sehnsucht, deren Erfüllung Sie sich in der Zukunft wünschen, wird gespeist von den unerfüllten Bedürfnissen aus der Vergangenheit und Ihrem Frust darüber. Ein Sehnen in die Zukunft spannt eine Art „Gummiband", das in der Vergangenheit verankert ist. Je weiter Sie sich mit Ihrem Bewusstsein vom jetzigen Augenblick in die Zukunft bewegen, desto größer wird der Zug dieses Bandes, der Sie schließlich wieder zurückziehen wird. Wenn Sie jedoch Ihre alten begrenzenden Muster erkennen und diese transformieren, ist ein erfülltes Leben dauerhaft möglich.

Der von mir entwickelte Prozess *Schöpfer-Transformation* berücksichtigt diese Tatsache und widmet sich auf ganzheitliche Art und Weise der Transformation dieser alten Beschränkungen. Er lässt sich immer dann einsetzen, wenn Sie merken, dass Sie etwas bedrückt und dass Sie mit Ihrem Alltagsbewusstsein nicht weiterkommen. *Schöpfer-Transformation* gibt Ihnen die Möglichkeit an die Hand, selbst mit Ihren Mustern und Themen zu arbeiten und schnell umfassende Veränderungen zu erzielen. In diesem Buch stelle ich Ihnen die fünf Schritte des Transformationsprozesses vor. Ich beschreibe, wie sehr unbewusste Denk- und Gefühlsmuster unsere Welt bestimmen. Wir sind ihnen jedoch nicht ausgeliefert. Wir können sie aktiv verändern, auch wenn sie uns zunächst in ihren Bann gezogen haben. Welche begrenzenden Muster das sein können, wie sich diese transformieren lassen und was Transformation grundsätzlich bewirken kann, zeige ich anhand vieler Praxisbeispiele. Sie lernen Menschen mit Stress, psychosomatischen Beschwerden, Burn-out, wiederkehrenden Beziehungsproblemen oder Ärger mit Kollegen kennen, die ihr Leben mittels meiner Methode inzwischen erfüllt gestalten, ihre Wünsche realisieren und ihr Potenzial entfalten. Auch Sie besitzen mit dem Prozess *Schöpfer-Transformation* ein machtvolles Instrument, das es Ihnen gestattet, Ihr Potenzial voll auszuschöpfen, Begrenzungen aufzulösen und zu erwachen.

Was normalerweise als Störung oder Krankheit angesehen wird, ist nach meiner Auffassung eigentlich eine spezifische Lernerfahrung der Seele eines Menschen. *Schöpfer-Transformation* unterstützt Sie darin, diese Erfahrung zu vervollständigen und zu integrieren. Dadurch und durch die energetische Verbindung zu einer umfassenderen Ebene Ihres Seins können Sie eine tief gehende Transformation, Ausbalancierung und Bewusstseinserweiterung erleben. Bisher festsitzende Energien und Emotionen lösen sich wieder und fließen Ihrem Kern zu. Lebensfreude und ein tiefes Gefühl der Verbundenheit stellen sich ein. Sie erkennen, dass Sie Teil eines größeren Ganzen sind und einen wichtigen Beitrag durch Ihre erlebte Erfahrung leisten. Das Gefühl, Opfer zu sein, wird transformiert in die Erfahrung, das eigene Leben kreativ und erfüllt erschaffen und frei gestalten zu können.

Erfüllung bedeutet, das Leben so zu leben, wie Sie es sich wünschen, verbunden mit dem eigenen inneren Potenzial und einem größeren Bewusstsein. Ihr Schöpfer-Selbst kann Ihnen hierbei Wege in ein erfülltes Leben aufzeigen, das in seinen Möglichkeiten über das hinausgeht, was Sie sich bisher vorgestellt haben. Sie haben es in der Hand, Ihr ureigenes und reichhaltiges Potenzial zu entfalten. In Ihrem Bemühen werden Sie enorm unterstützt durch den aktuellen Umbruch im Gesamtbewusstsein der Menschheit. Bereits vor Jahren begann eine Art Zeitenwende, eine stille „Bewusstseinsrevolution“ mit großen energetischen Umwälzungen, die sich in allen Bereichen menschlichen Lebens mittlerweile spürbar auswirkt. Die von vielen Menschen erlebte Beschleunigung in der heutigen Zeit und der damit verbundene Stress in allen Lebensbereichen ist eine Auswirkung davon. Viele der alten Muster funktionieren nicht mehr wie bisher. Sie sind auch nicht mehr notwendig und können transformiert werden, um Platz zu machen für das größere Potenzial, das jedem Menschen innewohnt.

Genau das ist auch das Ziel dieser Umwälzungen, dieser Zeitenwende.

Es ist das Bestreben des Gesamtbewusstseins, Menschen aus ihrem Schlaf der Begrenzung aufzuwecken, damit sie ihre wahre Größe entfalten. Selbst Konflikte im globalen Maßstab werden sich transformieren, da immer mehr Menschen erleben und fühlen, dass sie Teil eines großen Ganzen sind. Der Arzt und Bewusstseinsforscher Larry Dossey schreibt in seinem Buch „One Mind“ über das kommende globale Erwachen des Bewusstseins, dass wir alle im „Einen Geist“ miteinander verbunden sind und diese Verbindung zunehmend bewusst erleben werden. Er steht mit dieser Auffassung nicht allein. Auch der Physiker Thomas Campbell beschreibt in „Meine große Theorie von allem“, dass wir an der Schwelle zu einem möglicherweise explosiven evolutionären und kulturellen Übergang leben und dass sich das Tempo der Veränderung dramatisch beschleunigt. Für mich spiegelt unter anderem die aktuelle Flüchtlingssituation diese globale Zuspitzung wider.

Campbell sieht in dem möglichen Übergang ein einzigartiges Potenzial, aber auch die Möglichkeit eines Rückschrittes oder der Selbstzerstörung. Für den Bewusstseinsforscher Arjuna Ardagh[2] ist die Richtung bereits klar. Er ist der Ansicht, dass wir den Wechsel der Perspektive bereits vollzogen haben. Er geht davon aus, dass das globale Erwachen nur noch weiter angetrieben wird, wenn die äußeren Probleme sich verschlimmern.

Ich glaube an die Möglichkeit der Evolution in ein neues Zeitalter der Kooperation und Entfaltung unserer enormen Möglichkeiten. Mit diesem Buch möchte ich Sie dazu inspirieren, ein Teil davon zu werden. Denn wer bei sich angekommen ist und ein erfülltes Leben lebt, hat mehr Kraft, um Veränderungen in seinem Umfeld und in der Welt zu bewirken.

In Ihrem eigenen Veränderungsprozess werden Sie von der stetig steigenden Transformationsenergie weltweit unterstützt. Es ist so, als wenn Sie mit einer großen Welle schwimmen. Das größere, uns allen innewohnende und umfassende Bewusstsein ist ein wunderbarer Begleiter und großartiger Schöpfer – vertrauen Sie darauf!

Erster Teil

Erkennen Sie den Weckruf unserer Zeit

Im ersten Teil des Buches stelle ich Ihnen fünf Phasen des menschlichen Bewusstseins vor. Dabei skizziere ich die häufigsten Erfahrungsinhalte jeder Phase, damit Sie leichter erkennen können, ob Sie sich in der jeweiligen Phase befinden oder schon einmal befunden haben. Die erste Phase beschreibt die Ebene, die den meisten Menschen als „normal" erscheint und die bekannten Alltagserfahrungen widerspiegelt. Menschen leben hier in einer Art Komfortzone, in der sie sich relativ wohlfühlen. In der zweiten Phase des menschlichen Bewusstseins geht es um Menschen, die mit der aktuellen Situation unzufrieden sind und eigene Gefühle, Vorstellungen und äußere Umstände infrage stellen. In der dritten Phase kommt es zur Krise: Die alten Muster der Kontrolle funktionieren nicht mehr, der Betroffene verlässt seine Komfortzone. Er fühlt sich immer unwohler. Dies kann bis hin zu ernst zu nehmenden Krankheitssymptomen wie Burn-out gehen. Während der vierten Phase erkennen die Betroffenen festgefahrene alte Muster und können sie zunehmend transformieren. Sie gehen so über die Grenzen ihrer bisherigen Erfahrungen hinaus und erweitern ihr Bewusstsein. Unzufriedenheit und Krisen sind eine Chance, zu einem erweiterten Bewusstsein zu gelangen und zu erkennen, dass wir auf tiefster Ebene eins sind. In der fünften Phase vertieft sich der erweiterte Bewusstseinszustand, in dem wir nicht mehr in alten Trancezuständen der Trennung und Angst verhaftet sind. Wir empfinden den eigenen Wert und den aller Lebewesen auf diesem Planeten und handeln entsprechend. Es entsteht eine neue Welt der Koevolution, in der wir das gemeinsame Bewusstsein entdecken, das uns alle miteinander verbindet. Konkurrenz, Angst und Feindseligkeit werden auf dieser neuen Stufe der Evolution verwandelt in Mitgefühl, gegenseitige Unterstützung und Potenzialentfaltung.

Innerhalb der einzelnen Phasen gibt es ein Kontinuum, und am Ende des Spektrums gibt es immer einen Übergang in die nächste Phase. Das erste Kontinuum beginnt bei jemandem, der sich noch ganz in der Phase 1 zu Hause und zufrieden fühlt und endet, wenn dieser immer öfter unzufriedener mit seiner Lebenssituation ist. Dann kommt der Übergang zu Phase 2. Diese Phase beginnt damit, dass man zunächst seine aktuelle Situation und sein bisheriges Leben infrage stellt; sie endet, wenn man es nicht mehr geschafft hat, in seiner Komfortzone zu bleiben. Am Anfang von Phase 3 steckt jemand in einer handfesten Krise, die sich zunächst steigert, bis er mit einer zunehmenden Bewältigung der Krise in Phase 4 wechselt. Dort angekommen stellt er seine bisherigen Abwehrmechanismen infrage und transformiert nach und nach seine alten Muster. Wenn er immer mehr ins Hier und Jetzt kommt, befindet er sich in der fünften Phase der Bewusstseinsentwicklung. Hier sind Menschen, die gerade dort angekommen und erwacht sind, noch häufiger mit ihren Mustern und inneren Anteilen konfrontiert als Menschen, die sich schon länger in dieser Phase befinden. Deren Bewusstsein hat sich noch mehr erweitert und ihr inneres Selbst hat sich entfaltet. Sie haben bereits sehr viele Muster transformiert und sind immer freier von den Zwängen der inneren Anteile und Trancezuständen. Der Prozess des Erwachens und der Transformation der alten Muster beschleunigt sich mit einer vertieften Erfahrung des inneren Selbst. Ein Zurückfallen in alte Trancezustände und damit zusammenhängende Muster wird immer unwahrscheinlicher.

In jeder Phase der Bewusstseinsentwicklung können Sie von den fünf Schritten des Prozesses *Schöpfer-Transformation* profitieren. Sie müssen nicht erst in eine Krise gelangen, bevor Sie dieses wirksame Transformationswerkzeug anwenden, sondern können es in jeder Gefühlslage und Lebenssituation bereits jetzt tun.

1 | Unser Alltagsbewusstsein – Leben im Trancezustand

Als Menschen auf diesem Planeten sind wir nicht im Vollbesitz unserer ganzen Kräfte und Fähigkeiten. Unser Potenzial ist zum größten Teil noch nicht entfaltet. Dies entspricht auch den Erkenntnissen der neueren Gehirnforschung, die herausfand, dass wir nur einen kleinen Teil unserer Gehirnkapazität nutzen. Die Forscher wiesen nach, dass die meisten Menschen nicht vorwiegend im Großhirn aktiv sind, sondern die Hauptaktivität in den primitiveren Strukturen des limbischen Systems stattfindet. Dies bedeutet, dass viele Menschen eher durch Instinkte und Ängste getrieben werden, als dass sie ihr Leben durch Denken und bewusste Entscheidungen lenken (siehe Infobox).

Drei Gehirne in einem

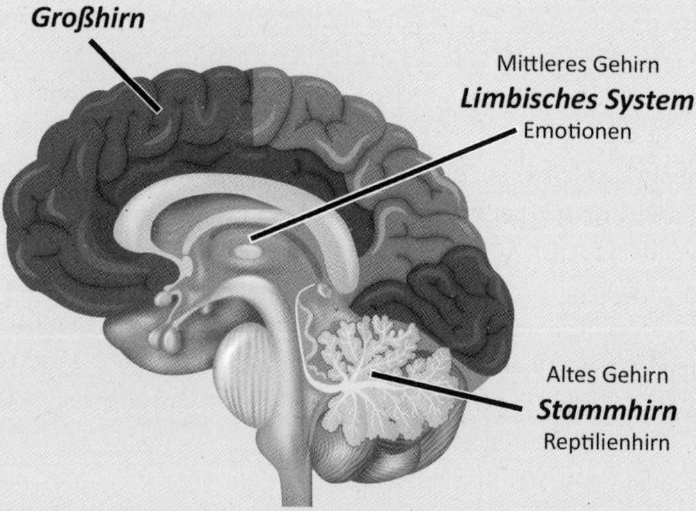

Neben dem Großhirn, also der Hirnrinde mit den beiden Gehirnhälften, das für unser bewusstes Denken verantwortlich ist, besitzen wir auch ältere und primitivere Gehirnregionen, die aus unserer Entwicklungsgeschichte stammen und immer noch eine wichtige Rolle spielen. Im älteren Bereich des Gehirns, dem **Stammhirn**, gibt es das **Reptiliengehirn**. Die Programme, die hier gespeichert sind, haben mit Überleben zu tun. Sie regeln Puls und Atmung und sind für den Drang nach Essen, Fortpflanzung und die Kampf- und Fluchtinstinkte zuständig. Außer Angst und Wut gibt es hier keine weiteren Emotionen. Im **limbischen System** befindet sich das **Säugetiergehirn**. Die Programme in diesem Bereich beinhalten soziales Verhalten, den Wunsch nach sozialer Zugehörigkeit. Hier gibt es Emotionen und Empathie, dieser Bereich trägt dazu bei, ob wir uns wohlfühlen oder nicht. Das **Großhirn oder der Neokortex** ist für unser bewusstes Denken zuständig, für Sprache, Logik und Sinneseindrücke wie Hören oder Sehen. Der vordere Bereich des Großhirns oder der **Stirnlappen oder das Stirnhirn** ist besonders für kreative und intuitive Einsichten verantwortlich und für abstraktes Denken. Während das Reptiliengehirn zu Konkurrenzdenken, das Säugetiergehirn teils schon zu kooperativen Verhalten aufruft, ist Kooperation das Spezialgebiet des Stirnlappens. Durch Vorausdenken und kreative Einsichten kann es Stress vermeiden helfen.

Stichprobenartige Gehirnscans haben ergeben, dass bei den meisten Menschen im Alltag nicht, wie man erwarten würde, der Bereich des Großhirns oder des Stirnlappens aktiviert ist. Stattdessen sind bei ihnen die primitiven Gehirnbereiche des Reptilien- und Säugetiergehirns aktiv, was mit innerer Anspannung und Stressbelastung verbunden ist. Menschen, die bereits lange meditieren oder kreativ tätig sind, waren hingegen weit häufiger in ihrem Stirnlappen aktiv. Ich bin davon überzeugt, dass dies bei Menschen, die bereits viel an sich selbst und ihren inneren Mustern gearbeitet haben, ebenso der Fall ist.

Das, was wir unser Alltagsbewusstsein nennen, ist nur ein kleiner Ausschnitt aus unserem eigentlichen, viel größeren Bewusstsein, unserem kreativen Potenzial. Im Vergleich zu diesem größeren Bewusstsein ist jeder Bewusstseinszustand, den wir im Alltag haben, begrenzt. Wir leben in einer

Art Trancezustand, was einer Einengung des Bewusstseins entspricht. Wir nehmen nur einen Bruchteil von dem wahr, was in uns und um uns herum passiert. Nach Milton Erickson, einem der Begründer der modernen Hypnotherapie, sind wechselnde Trancezustände im Alltag völlig normal.[3] Trance ist demnach ein Zustand, in dem der Fokus der Aufmerksamkeit reduziert ist. Das Bewusstsein konzentriert sich auf einen sehr eingeschränkten Bereich.

Eine Problemtrance liegt vor, wenn Sie über eine Situation nachgrübeln und sich zum Beispiel Sorgen über die Zukunft machen. Das ist ein Zustand, in dem Sie sich unwohl und in einem Gefühls- oder Denkmuster gefangen fühlen. Ein angenehmer Trancezustand ist ein Zustand, in dem Sie positive Gedanken und Gefühle haben, etwa bei einem angenehmen Tagtraum. Sie fühlen sich glücklich, entspannt und gelassen. Positive, angenehme Zustände sind der Essenz der Seele eines Menschen nahe, es entstehen Öffnungen zum umfassenden Bewusstsein. Der normalerweise sehr eingeengte Bewusstseinsfokus erweitert sich.

Der Psychologe und Psychotherapeut Dr. Stephen Wolinsky geht noch einen Schritt weiter. Er ist der Ansicht, dass wir uns im Alltag häufiger in einem Trancezustand als in einem wachen Bewusstseinszustand im Hier und Jetzt befinden. Diese Zustände werden von uns auf unbewusste Weise kreiert und wir stehen in der Verantwortung, unsere entscheidende Rolle bei der Schaffung unserer eigenen hypnotischen Wirklichkeiten zu erkennen. Im Gegensatz zu anderen Hypnotherapeuten hält er es nicht für so wichtig, einen Menschen in Hypnose zu versetzen, sondern ihn aus der Trance, in der er sich befindet, herauszuholen und zu „enthypnotisieren".[4]

Der Sinn von Trancezuständen ist es, Erfahrungen zu machen. Eine Teilung des Gesamtbewusstseins war notwendig, damit das **eine Bewusstsein** Erfahrungen machen kann und sich darüber selbst erkennt. Wenn es nur ein Wesen im Kosmos gäbe, dann könnte es sich nicht selbst erkennen, da es keinen Spiegel gibt. Aus der Einheit entstehen sogenannte Schöpfer-Selbste, die wiederum verschiedene Ich-Identitäten als Menschen erschaffen, um möglichst viele Erfahrungen machen zu können (s. Kapitel 8). Jeder einzelne Mensch hat sich zur Verfügung gestellt, um für das umfassende

Bewusstsein, das uns alle miteinander verbindet und das unser Ursprung ist, wertvolle Erfahrungen zu sammeln. In all den Jahrtausenden, seitdem Menschen Erfahrungen machen, sind Menschen Gefäße für Bewusstsein. Während dieser Zeit wurde eine immense Summe an Erfahrungen für das gesamte Bewusstsein gesammelt. Erfahrungen wurden und werden immer noch zu den unterschiedlichsten Themen gemacht: Liebe, Leid, Glück, Trauer, Schmerz, Krieg oder Freude. Keine Erfahrung ist umsonst, alles hat einen Sinn. Nur durch die Begrenzung des Bewusstseins ist es jedoch überhaupt möglich, menschliche Erfahrung zu machen. Wären wir unbegrenzt, allwissend und allmächtig, wäre dies nicht möglich. So gesehen waren die Begrenzungen, in denen wir uns seit Menschengedenken erleben, sehr sinnvoll und notwendig für das gesamte Bewusstsein. Gleichwohl gab es immer die Sehnsucht im Menschen danach, sich wieder mit dem umfassenden Bewusstsein zu verbinden und diese Begrenzungen, häufig in Form von alten Mustern, zu überwinden.

Muster sind Themen innerhalb eines Trancezustandes, die aus bestimmten Denk- und Gefühlskomplexen bestehen. Sie umfassen Glaubenssätze, die Gefühle auslösen und damit innere Anteile aktivieren. Sie haben einen starken Einfluss auf das bewusste Denken und das Verhalten. Sie waren bzw. sind teils immer noch wichtig, weil sie ein Thema intensiv beleuchten. Menschen mit einem Muster, zum Beispiel einer Selbstwertproblematik, werden mit diesem Thema immer wieder konfrontiert. Ein Muster beginnt mit Erfahrungen in der Kindheit, die sich im weiteren Verlauf des Lebens fortsetzen. Auch wenn diese Menschen versuchen, ihr Verhalten zu ändern, wird sich dieses Muster immer wieder in ihrem Leben widerspiegeln. Das geschieht in den unterschiedlichsten Situationen, so lange, bis das Muster aufgelöst ist. Wenn jemand mit mangelndem Selbstwertgefühl beispielsweise in der Schule gelernt hat, dies durch freches und selbstsicheres Auftreten zu überspielen, kann das Problem im späteren Leben gleichwohl in anderen Situationen wieder zum Vorschein kommen, etwa in seiner Partnerschaft oder im Berufsleben. Wie kann man solch ein Muster auflösen? Wenn jemand gelernt hat, sein Muster nicht einfach nur auszuleben oder zu verdrängen, sondern tiefer in Kontakt mit seinen Gefühlen zu kommen, zu fühlen, worum es geht, kann das Muster auf diese Weise vervollständigt oder vollendet werden. Vervollständigen von Erfahrung bedeutet, dass die Erfahrungen, die zu einem Muster gehören, voll und ganz gemacht werden, das heißt, wirklich erlebt werden mit all den dazugehörigen Gefühlen. Wenn jemand den Erfahrungen ausweicht, sie verdrängt oder auf andere Menschen projiziert, wird eine Vervollständigung der Erfahrung und damit eine Auflösung des Musters verhindert. Nur wenn die Erfahrung mit allen beteiligten Emotionen in aller Tiefe erlebt wird, muss sie in dieser Form nicht mehr wiederholt werden. Das Muster ist dann transformiert und aufgelöst. Der Prozess *Schöpfer-Transformation* erleichtert und beschleunigt diese Transformation alter Muster.

Die ursprünglichste Form eines Trancezustandes ist die **Trennungstrance**. Im Alltag äußert sie sich unter anderem in der Entfremdung von der Natur, dem Fehlen eines Sinns im Leben, mangelndem Vertrauen in das Leben und sogar in der Trennung von sich selbst und seinen eigenen Gefühlen und Bedürfnissen. Dieser Trancezustand entstand durch die Trennung von der Einheit, von dem ursprünglichen, umfassenden Bewusstsein. Wir sind jedoch mit diesem Ursprung immer noch, wenn auch weitestgehend unbewusst, verbunden.

Bildhaft und mythologisch wird diese ursprüngliche Trennung durch die Vertreibung aus dem Paradies dargestellt: Adam und Eva leben in einer Art Vorbewusstsein, ein überwiegend unbewusster Zustand, in der Einheit, im Paradies. Es wird sich um sie gekümmert, ohne dass sie eigene Anstrengungen unternehmen müssen. Das entspricht einem Bewusstseinszustand in der frühen Kindheit, in der die Eltern für das Kind sorgen. Dieser Zustand ändert sich, als sie die Frucht vom Baum der Erkenntnis kosten. Sie beginnen zwischen Gut und Böse zu unterscheiden, womit aus der Einheit die Polarität geboren wird. Symbolisch werden Adam und Eva nun aus dem Paradies der Einheit vertrieben und finden sich in der Welt der Polaritäten und des Denkens wieder. Nun sind sie auf sich gestellt, um in dieser Welt zu überleben. Dieser Hinauswurf aus der Einheit, diese Trennung, führt in der Bibelgeschichte zu einem Trauma. Adam und Eva fühlen sich schuldig, weshalb in der Bibel von der sogenannten Erbsünde gesprochen wird.

Trennung wird hier fälschlicherweise mit einer Schuld verbunden. Menschen fühlen sich wertlos, weil sie getrennt wurden. Aus diesem Trennungsschmerz heraus haben alle Menschen ein Gefühl der Wertlosigkeit entwickelt, das allerdings sehr unbewusst und tief vergraben ist. Um den Trennungsschmerz und das Gefühl der Wertlosigkeit zu kompensieren, unternehmen Menschen alles Mögliche, um sich wohler zu fühlen oder sich von diesen unangenehmen Gefühlen abzulenken. In der Trennungstrance haben wir nur den Eindruck, dass es tatsächlich eine Trennung gibt und wir in einem Körper und einem Ich, unserer Persönlichkeit mit unseren begrenzten Sichtweisen, gefangen sind. In Wirklichkeit sind wir nach wie vor mit dem umfassenden Bewusstsein verbunden, nur auf unbewusster Ebene.

Auf der körperlichen Ebene wiederholt sich diese Form der Trennung durch die Geburt. Während der Schwangerschaft gibt es eine innige Verbindung zur Mutter. Als Embryo ist ein Mensch mit allem versorgt, er braucht sich um nichts zu kümmern, was einem paradiesischen Zustand gleichkommt. Dieser Zustand wird durch die Geburt und das Durchtrennen der Nabelschnur unterbrochen und es kommt zu einer Art Schock bei dem Neugeborenen. Trotzdem empfinden Babys und kleine Kinder in der Anfangszeit noch kein getrenntes Ich, sie fühlen sich immer noch mit ihrer Umgebung und der Mutter verbunden. Eine weitere und diesmal bewusste Trennung erfolgt erst durch die Entwicklung der Persönlichkeit und Psyche des Kindes, wenn es sich als separates Wesen erfährt. Dieses Gefühl von Schmerz durch die Trennung wird später verdrängt. Aber es gibt im Menschen, zumindest unbewusst, immer eine Sehnsucht nach einer Art symbiotischer Verschmelzung – zunächst häufig mit einem geliebten Menschen. Auf einer tieferen Ebene ist es jedoch die Sehnsucht nach der Verschmelzung mit dem Einheitsbewusstsein.

Folgen der Trennungstrance sind Gefühle von Feindseligkeit, Angst oder Misstrauen. Es fehlt das Urvertrauen in das Leben, in die Existenz an sich und die Mitmenschen. Es werden alte Überlebensmechanismen aus dem Reptilienhirn aktiviert, wodurch Stress und Angst entstehen. Nur mit den ihm nahestehenden Menschen fühlt sich ein Mensch verbunden, häufig zunächst einmal mit den Eltern, den Geschwistern und Verwandten. Oft kommt noch die Zugehörigkeit zu einer Peergroup und zu einer Nation hinzu. Fast nie fühlt sich ein Mensch mit allen Menschen gleichermaßen verbunden. Das ist auch der Grund für Nationalismus und die Ausgrenzung von Ausländern oder andersdenkenden Menschen. Im kleineren Rahmen kann dieses Ausgrenzen auch bei Bekannten, Kollegen oder der eigenen Familie vorkommen.

Wenn wir uns in der Trennung wiederfinden, wollen wir uns schützen. In der Kindheit werden wir teils von unseren Eltern und unserer Familie geschützt, außerdem von unserem Umfeld in der Gesellschaft. Kinder bemerken jedoch schnell, dass dies nicht reicht. Sie entwickeln eine Art kindliche Kontrolle, um sich ihrer Umgebung besser anpassen zu können und sich dadurch zu schützen. Sie kontrollieren bewusst und teils unbewusst ihre Gefühle und Verhaltensweisen. Je älter ein Kind wird, desto verfeinerter wird diese Anpassung, sodass dieser Teil des Ich wie eine zweite Haut erscheint und das Kind gar nicht mehr genau weiß, was es wirklich fühlt oder will. Der Familientherapeut und Begründer des Therapieansatzes Internal Family System Richard C. Schwartz spricht hier von Managern als kontrollierende innere Anteile eines Menschen, die sich bereits im Verlaufe der Kindheit entwickelten. Diese sollen uns beschützen und helfen, besser in unserer Umgebung zu überleben.[5]

Aus der Trennung und den damit verbundenen Gefühlen resultieren diverse Glaubenssätze, die sich stark auf die Wahrnehmung und das Erleben eines Menschen auswirken:

- „Ich bin es nicht wert verbunden zu sein, deswegen wurde ich getrennt.“
  Durch diesen Glaubenssatz entsteht ein Gefühl der Wertlosigkeit und des Abgelehnt-Werdens. Infolgedessen besteht entweder bewusst die Sehnsucht, sich wieder mit diesem ursprünglichen Bewusstsein zu verbinden, etwa in Form einer Suche nach Gott und Spiritualität, nach Zugehörigkeit zu einer religiösen oder sozialen Gemeinschaft. Oder aber die Suche nach Einheit findet in einer engen, manchmal symbiotischen Partnerschaft statt.

- „Ich fühle mich allein in meinem Körper und in meinem persönlichen Ich. *Es ist unsicher auf dieser Welt. Die Umgebung und andere Menschen sind mir fremd und mir gegenüber feindlich gesonnen, ich muss mich verstecken, wegrennen, kämpfen, um zu überleben."*
- „Um mein Überleben zu sichern, muss ich stark sein, mich verteidigen und notfalls vorbeugend angreifen. Ich muss mein Revier sichern, das, was mir gehört."
- „Ich muss Macht ansammeln, um Einfluss auf andere Menschen nehmen und mich schützen zu können. Macht, um aus der Machtlosigkeit herauszukommen."
- „Ich muss hart arbeiten, um mein Überleben zu sichern, ein Dach über dem Kopf und genug zu essen zu haben. Ich muss mich anstrengen, um gemocht zu werden, um eine Partnerin oder einen Partner oder eine Arbeit zu finden und zu behalten."
  Durch diese Glaubenssätze treten Überlebensängste auf. Je mehr sich Menschen getrennt von den anderen Menschen fühlen, desto stärker sind der Überlebenstrieb, die Abgrenzung, das Konkurrenz- und Leistungsstreben. Das führt nicht nur zu Stress beim Einzelnen, sondern auch zu Ungerechtigkeit, Armut, Feindseligkeit und Krieg.

Sie sehen, wie die Trennungstrance als die ursprünglichste Form eines Trancezustandes eine umfassende Wirkung auf das Leben des Einzelnen hat, aber auch auf das Leben in der Gesellschaft. Viele Gruppierungen und Nationen fühlen sich vereinzelt, wollen Grenzen setzen gegenüber anderen Gruppen und Nationen, um sich zu schützen und mit mehr Ressourcen besser zu überleben. Deswegen gibt es Militärs, werden Waffen hergestellt und Bündnisse geschlossen. Auch die ungerechte Verteilung der Ressourcen in der Welt ist auf diese Trennungstrance zurückzuführen. In dieser trennenden Trance gibt es kein Wir, nur ein Ich, das überleben will.

Aus dem ursprünglichen Trauma der Trennung entsteht nicht nur die Trennungstrance. Es können sich daraus auch verschiedenste andere Trancezustände entwickeln. Diese können hierarchisch dargestellt werden: Die erste Stufe ist die Trennung von dem umfassenden Bewusstsein, es ist die grundlegendste aller Trennungen. Im Ursprung sind wir alle eins und miteinander verbunden. Wenn sich ein Mensch während der ersten drei Phasen der Bewusstseinsentwicklung subjektiv ganz wach und allseits orientiert fühlt, befindet er sich trotzdem in einer Trennungstrance. Darunter ordnen sich alle weiteren Trancezustände an: Die Opfer-, Minderwertigkeits- und Anpassungstrance ebenso wie die Macht-, Überlegenheits- und Widerstandstrance als das jeweilige Gegenstück. Als Bestandteil dieser Trancezustände existieren Gefühle wie Angst, emotionaler Schmerz, Wut, Traurigkeit oder Scham. Außerdem befinden sich auf dieser Ebene die verschiedenen Denkmuster und Glaubenssätze sowie die Mechanismen zur Kontrolle der Gefühle.

Was ist jedoch mit Zuständen wie Freude, Glück, Vertrauen und Zuversicht? Sind dies auch alles Trancezustände? Im Vergleich zum umfassenden Bewusstsein sind diese Gefühle ebenfalls Trancezustände, nur diesmal in einer für uns angenehmen Ausprägung. Sie sind Essenzqualitäten, die aus dem Schöpfer-Selbst stammen und diesem näher kommen als eine Trennungs- oder Minderwertigkeitstrance.

Folgendes Schaubild verdeutlicht die hierarchische und polare Struktur der als problematisch erlebten Trancezustände:

Trennungstrance

Opfertrance ———————— Machttrance

Minderwertigkeitstrance ———————— Überlegenheitstrance

Anpassungstrance ———————— Widerstandstrance

dazugehörig:

Angst, emotionaler Schmerz, Wut, Traurigkeit, Scham
Denkmuster/Glaubenssätze/Überzeugungen
Kontrollmechanismen/Beschützeranteile

Wie gesehen gibt es außer der Trennungstrance weitere Trancezustände, in denen wir uns befinden können und die jeweils bestimmte Ausprägungen haben. Menschen, die sich in einer **Opfertrance** befinden, fühlen sich allem ausgeliefert: Der Umgebung, den Lebensumständen, dem eigenen Körper, dem Partner oder der Berufssituation. Sie fühlen sich unfähig und hilflos und haben das Gefühl, nichts an der Situation ändern zu können. Dieser Trancezustand kann so stark sein, dass Menschen in eine Depression verfallen und antriebslos werden. Verwandt mit der Opfertrance ist die **Minderwertigkeitstrance**. Wer sich darin befindet, fühlt einen starken Mangel an Selbstwertgefühl. Er hat kein Selbstvertrauen und fühlt sich anderen Menschen unterlegen. Er hat wenig Zugang zu den eigenen Ressourcen und Fähigkeiten. In der **Anpassungstrance** fühlen sich Menschen in der jeweiligen Lebenssituation gefangen und haben das Gefühl, nicht ohne große Nachteile aus ihr herauskommen zu können. Das kann zum Beispiel die Arbeitssituation betreffen: Jemand ist mit seiner Arbeit unzufrieden, hat jedoch Angst zu kündigen und sich eine neue Stelle zu suchen. Deswegen harrt er in dieser Stelle aus, obwohl es ihm nicht gut geht und er eventuell sogar krank wird. Eine solche Anpassungstrance findet sich auch in Partnerschaften und Ehen: So kann jemand in schwierigen Beziehungskonstellationen oder Partnerschaften verbleiben, da er Angst vor einer Trennung hat. Er weiß nicht, was danach kommt, und bleibt deswegen lieber in der Beziehung. Hinzukommt häufig auch die Angst, ohne diese Arbeit, ohne diesen Partner (der unter Umständen der Hauptverdiener ist), zu überleben. Oder es ist die Angst vor dem Alleinsein, die Angst, keinen anderen Partner oder keine andere Partnerin mehr zu finden und alleine nicht im Leben zurechtzukommen.

Eine Anpassungstrance auf einer globalen Ebene findet statt, indem Menschen sich an die Gesellschaft, in der sie leben, anpassen. Das schließt die Lebensweise in dieser Gesellschaft mit ein, die Leistungsansprüche an den Einzelnen stellt, etwa immer in Arbeit zu sein, Geld zu verdienen, ein gewisses Prestige und einen bestimmten Lebensstandard zu erreichen und zu halten. Eine globale Anpassungstrance zeigt sich auch in Form der Verdrängung von Gefühlen und Lebensäußerungen. In vielen Gesellschaften gilt es als ungewöhnlich, starke Gefühle zu zeigen, weswegen sie nach außen hin zumeist verborgen werden; umso deutlicher, je restriktiver oder dogmatischer eine Gesellschaft oder ein soziales System ist.

Jede dieser drei Trancen hat auch ein Gegenstück. **Gegenstück zur Opfertrance ist die Machttrance.** Wer sich in diesem Zustand befindet, glaubt, dass er, weil er von den anderen Menschen getrennt ist, nach Belieben mit anderen Menschen verfahren und diese manipulieren kann. Er sieht auch keine Notwendigkeit für Gewissensbisse, da er scheinbar für sich alleine steht, keine Verbindung und somit keine Verantwortung für die anderen Wesen hat. Die **Überlegenheitstrance ist das Gegenstück zur Minderwertigkeitstrance.** Statt sich wertlos oder hilflos zu fühlen, fühlt sich derjenige, der sich in dieser Tranceart befindet, den anderen Menschen überlegen. Er glaubt, er habe mehr Fähigkeiten, sei klüger, stärker und allgemein mehr wert als die anderen. Diese Sichtweisen machen die Macht- und die Überlegenheitstrance zu einer der Hauptursachen für die Ungerechtigkeit und ungleiche Verteilung der Ressourcen auf der Welt. Bei der **Widerstandstrance handelt es sich um das Gegenstück der Anpassungstrance.** Menschen in diesem Zustand glauben, sie müssten gegen die Ungerechtigkeit oder den Druck von außen Widerstand leisten und rebellieren; dies auch notfalls mit Gewalt. Solange sie sich nicht bewusst werden, dass sie in einem Trancezustand sind, können aber auch sie sich nur konditioniert und begrenzt verhalten, ohne Zugriff auf ihre größeren Ressourcen.

Allen diesen Zuständen ist gemeinsam, dass sich Menschen, die davon betroffen sind, in einem begrenzten Zustand befinden. Sie wähnen sich vereinzelt, getrennt von anderen Menschen, oft auch von sich selbst und ihren eigenen Gefühlen. Sie fühlen sich getrennt vom größeren Bewusstsein, von ihrem Ursprung und erweiterten Potenzial. Wer sich in einer dieser Trancen befindet, ist sich dieser Begrenzung allerdings oft nicht bewusst; vor allem nicht in der Macht- oder Überlegenheitstrance.

Dadurch, dass alle Menschen miteinander verbunden sind, stehen wir in einem konstanten Informationsaustausch ohne Zeitverlust (s. Kapitel 8). Alle unsere Erfahrungen werden unverzüglich ausgetauscht, allerdings weitgehend auf einer unbewussten Ebene. Alle Trancezustände, die sehr viele Menschen gemeinsam haben, werden so verstärkt. Da alle Menschen die Trennungstrance gemeinsam haben, ist diese am stärksten und am häufigsten. Weil ein so großer Teil der Menschheit unter Armut und unter einem Mangel an Ressourcen leidet, ist der Trancezustand des Mangels und der Minderwertigkeit weltweit am zweithäufigsten. Somit ist es nicht verwunderlich, dass auch Menschen in reichen Industrienationen häufig unter diesen Zuständen leiden und sich mit diesem weltweit so verbreiteten Zustand verbinden. Selbst bei Spitzenmanagern und den Chefs großer Unternehmen herrscht dieser Zustand vor. Zeitweilig überschattet er sogar Trancezustände wie die Überlegenheits- oder Machttrance. Sämtliche Massenphänomene in der Geschichte der Menschheit wie etwa zur Zeit des 2. Weltkrieges – ich denke hier insbesondere an die Propaganda des sogenannten Dritten Reiches – beruhen auf Trancezuständen. Es gibt verschiedene Möglichkeiten, große Massen von Menschen durch Verstärkung eines Bewusstseinszustandes zu beeinflussen. Zum Beispiel kann Angst durch Schreckensmeldungen in den Medien aktiviert werden. Dann kommen immer mehr Menschen in eine Opfer- und Anpassungstrance und können leichter in ihren Entscheidungen beeinflusst werden.

In der ersten Phase der Bewusstseinsentwicklung überwiegen die Begrenztheit und Unbewusstheit. Ich nenne es das Leben in der Alltagstrance. Werfen wir noch einmal den Blick auf die Bedürfnispyramide von Abraham Maslow: Wenn unsere Überlebensinstinkte durch genügend Essen und einem Dach über dem Kopf befriedigt sind, kommen weitere Bedürfnisse hinzu. Wenn etwa das Bedürfnis nach sozialer Zugehörigkeit erfüllt ist, melden sich weitere Bedürfnisse nach Besitz, nach Prestige oder nach sozialer Anerkennung. Wenn ein Teil oder sogar all diese Bedürfnisse befriedigt werden, befinden sich Menschen in einer sogenannten **Komfortzone**. Das ist der Bereich, in dem ein Mensch lebt und mit dem ursprünglichen Trennungsschmerz und dem Gefühl der Wertlosigkeit zurechtkommt. Menschen in der ersten Phase der Bewusstseinsentwicklung leben in dieser Komfortzone. **So wie Michael, Anja und Elke, die wir im Folgenden beispielhaft durch die fünf Phasen begleiten.**

Michael ist 45 Jahre, seit mehr als 20 Jahren verheiratet und hat zwei Kinder. Er ist angestellter Tischlermeister und arbeitet, seit er seine Ausbildung beendet hat, im gleichen Betrieb. Seine Arbeit ist anstrengend und anspruchsvoll, doch sie gefällt ihm und füllt ihn aus. In seiner Ehe gibt es immer wieder auch mal Meinungsverschiedenheiten, die jedoch schnell ausgeräumt sind. Seine Frau und er streiten nicht gerne, vielmehr sind beide meistens kompromissbereit. Seine 13-jährige Tochter und sein 11-jähriger Sohn kommen gut in der Schule zurecht, haben viele Freunde und Hobbys. Auch Michael selbst hat Freunde und einige Interessen, denen er in seiner Freizeit nachgeht. Zum Beispiel spielt er gerne Fußball im lokalen Verein oder verabredet sich mit Freunden zum Tennis. Überhaupt ist er insgesamt sportlich und legt Wert auf seine Gesundheit. Bis auf wenige Ausnahmen fühlt er sich gesund. Er macht regelmäßig einen Gesundheitscheck bei seinem Hausarzt, dem er voll und ganz vertraut. Bei einigen stärkeren Infekten haben die von seinem Arzt verschriebenen Antibiotika und fiebersenkenden Mittel gut geholfen. Michael hat zwar noch einige Pläne, etwa den Anbau an seinem Haus und eine Weltreise zusammen mit seiner Familie, insgesamt fühlt er sich jedoch glücklich und zufrieden mit seiner Lebenssituation.

Anja ist 36 Jahre alt, geschieden und arbeitet als Diplom-Kauffrau in einer großen Firma als angestellte Unternehmensberaterin. Sie lebt in einer eigenen Wohnung und ist zurzeit ohne Partner. Den könnte sie im Moment auch gar nicht gebrauchen, da sie beruflich viel um die Ohren hat. Sie hat Karriere gemacht, war nach ihrem Studium auch im Ausland, um sich beruflich weiterzuqualifizieren. Das hat ihr schließlich auch geholfen, ihren jetzigen, sehr begehrten Job zu bekommen, in dem sie seit zwei Jahren arbeitet. Es hat damals viele Bewerber gegeben, aber sie hatte sich gegen sie durchsetzen können. Anja ist zurzeit beruflich viel unterwegs, um Manager in verschiedenen Firmen zu beraten. Die Arbeit macht ihr Spaß und sie verdient sehr gut. Außerdem bekommt sie immer wieder Lob von ihren Vorgesetzten. Ihre Freundschaften haben in letzter Zeit zwar etwas gelitten, aber das lässt sich wieder geradebiegen. Da sie immer erst spät nach Hause kommt, schafft sie es gerade noch eine längere Runde zu joggen oder ins Fitnessstudio zu gehen. Dann beauftragt sie einen Lieferservice damit, ihr etwas zu essen zu bringen. Zum Kochen hat sie meistens keine Zeit. Ihre Scheidung liegt nun schon vier Jahre zurück und seitdem hat sie keine feste Beziehung mehr gehabt, nur einige kürzere Affären. Obwohl sie gerne eines Tages wieder einen Partner hätte, gefällt ihr der jetzige Lebensstil. An den Wochenenden und im Urlaub kann sie sich von ihrem anstrengenden Job erholen und sie ist sich sicher, dass auch wieder entspanntere Zeiten kommen werden.

Elke ist 56 Jahre alt, verheiratet und arbeitet als Krankenschwester auf der Intensivstation. Sie hat zwei erwachsene Kinder und lebt mit ihrem Mann in einem eigenen Haus. Ihre Arbeit ist herausfordernd, manchmal auch überfordernd. Doch als Krankenschwester kann sie Menschen helfen, was ihr sehr wichtig ist. Insgesamt macht ihr die Arbeit Spaß und sie hat sich im Laufe der Jahre immer weiter fortgebildet. Sie weiß um ihre Verantwortung im Umgang mit den Patienten und nimmt auch Überstunden und Nachtschichten in Kauf. Manchmal fühlt sie sich nach anstrengenden Diensten erschöpft und ausgelaugt, doch an ihren freien Tagen konnte sie sich bisher immer wieder davon erholen. Ihr Mann, der im gleichen Krankenhaus als Chirurg arbeitet, hat ebenfalls einen sehr anspruchsvollen und anstrengenden Job, beide können sich gegenseitig gut unterstützen. Seit ihre beiden Kinder aus dem Haus sind, möchte Elke in der Freizeit mehr für sich tun und neue Interessen entwickeln. In letzter Zeit hat sie sich mit Fotografie beschäftigt und ist viel in der Natur unterwegs. Ab und zu trifft sie sich mit ihren Freundinnen und entspannt bei einem netten Plausch. Manchmal beneidet sie diese, da beide nur Teilzeit arbeiten und immer sehr entspannt wirken. Auf die Zeit nach der Berentung freut sich Elke schon sehr und möchte, wenn es so weit ist, mit ihrem Mann viele Reisen unternehmen.

Michael, Anja und Elke versuchen, in ihren jeweiligen Trancezuständen innerhalb der ersten Phase eine Situation zu erreichen, in der sie sich wohlfühlen. Auch wenn dieser Zustand nicht unbedingt Glück oder Lebendigkeit bedeutet, ist für sie das Vorhandensein von Sicherheit, sozialer Zugehörigkeit und Bestätigung ausreichend; unter anderem auch deswegen, weil sich die allermeisten ihrer Mitmenschen in einem ähnlichen begrenzten und angepassten Zustand befinden. Ihre inneren Kontrollinstanzen helfen ihnen, möglichst lange in dieser Komfortzone zu bleiben.

Wenn Menschen zunehmend unzufriedener werden, etwa weil ihre Bedürfnisse nicht mehr in ausreichendem Maße befriedigt werden, verlassen sie die erste Phase der fünf Phasen der menschlichen Bewusstseinsentwicklung und wechseln in Phase 2.

Typische Erfahrungen in Phase 1:

- Sie setzen sich für ein komfortables Leben ein, wobei es um die Erfüllung der Grundbedürfnisse nach genügend zu essen, einem Dach über dem Kopf und einem Leben in Sicherheit geht. Sie sind bereit, dafür einen großen Teil Ihrer Zeit zu opfern und sich den an Sie gestellten Anforderungen anzupassen, um das benötigte Geld zu verdienen.
- Sie verspüren den Wunsch nach sozialer Zugehörigkeit zu einer Gruppe, zum Beispiel in Form einer Partnerschaft oder einer Familie. Sie wollen beliebt sein, gemocht werden.
- Es treibt Sie ein Geltungsbedürfnis und/oder ein Machtstreben. Sie suchen nach Anerkennung und Einfluss. Es besteht der Wunsch, mehr Geld zu besitzen und dadurch scheinbar mehr Freiheit und Einfluss zu erlangen. Sie sehen sich in Konkurrenz zu anderen: „Ich will der/die Beste sein!"
- Sie passen sich an gesellschaftliche Werte und Normen an, schwimmen mit dem Strom, fügen sich in das Massenbewusstsein ein. Individualität und Kreativität stehen hinten an.
- Sie interessieren sich vorwiegend für Themen wie Gesundheit, Geld, Verbesserung der eigenen Leistungsfähigkeit, Erfolg im Beruf und im Privatleben.

Zusammenfassung

1. Unser Alltagsbewusstsein ist nur ein kleiner Ausschnitt aus einem viel größeren Bewusstsein. Jeder Bewusstseinszustand, den wir im Alltag haben, ist begrenzt. Wir leben in einer Art Trancezustand und nehmen nur einen Bruchteil von dem wahr, was in uns und um uns herum passiert.

2. Es gibt positiv und negativ bewertete Trancezustände. In einem angenehmen Trancezustand haben wir positive Gedanken und Gefühle. Positive, angenehme Zustände sind der Essenz der Seele eines Menschen nahe, es entstehen Öffnungen zum umfassenden Bewusstsein. Eine Problemtrance liegt vor, wenn wir über eine Situation nachgrübeln und uns zum Beispiel Sorgen über die Zukunft machen. Das ist ein Zustand, in dem man sich unwohl und in einem Gefühls- oder Denkmuster gefangen fühlt.
3. Der Sinn von Trancezuständen ist es, Erfahrungen zu sammeln.
4. Muster sind Themen innerhalb eines Trancezustandes, die aus bestimmten Denk- und Gefühlskomplexen bestehen. Sie beleuchten ein Thema intensiv.
5. Die fundamentalste Tranceform ist die Trennungstrance. Daraus können sich verschiedene andere Trancezustände entwickeln, etwa die Opfertrance und als Gegenstück die Überlegenheitstrance.
6. Die Komfortzone ist der Bereich, in dem ein Mensch mit dem ursprünglichen Trennungsschmerz und dem Gefühl der Wertlosigkeit zurechtkommt. Menschen in der ersten Phase der Bewusstseinsentwicklung versuchen in dieser Komfortzone zu leben, das heißt, in ihren jeweiligen Trancezuständen eine Situation zu erreichen, in der sie sich relativ wohlfühlen.

Impulse

1. Welche Trancezustände im Alltag können Sie bei sich feststellen? Notieren Sie einen oder mehrere Trancezustände und schreiben Sie auf, in welchen Bereichen sie sich konkret zeigen.
2. Schreiben Sie auf, welche Trancezustände Sie bei anderen Menschen wahrnehmen.
3. Was ist Ihre Komfortzone, in welchen Bereichen gibt es sie? Was tun Sie, um in dieser Komfortzone zu bleiben?
4. Wie wirkt sich bei Ihnen die Trennungstrance aus? Fühlen Sie sich mit sich selbst, mit Ihrem Körper, Ihren Gefühlen, Ihren Bedürfnissen und Visionen verbunden oder getrennt? Fühlen Sie sich mit anderen Menschen, dem Leben an sich und Ihrem inneren Selbst mit all seinem Potenzial verbunden oder getrennt?

5. In welchen Bereichen Ihres Lebens befinden Sie sich in einer Anpassungstrance?
6. Befinden Sie sich in einer Minderwertigkeits- oder in einer Überlegenheitstrance und wenn ja, wie zeigt sich diese in Ihrem Leben?
7. Befinden Sie sich manchmal oder öfter in einer Opfertrance und wenn ja, wie äußert sich diese?
8. Befinden Sie sich in bestimmten Bereichen Ihres Lebens in einer Widerstandstrance? Wenn ja, gegen was fühlen/zeigen Sie einen Widerstand?
9. Was tun Sie, um sich nicht getrennt zu fühlen?

2 | Zweifel an Schema F – soll das alles gewesen sein?

Solange sich Menschen in ihrer Komfortzone befinden, haben sie wenig Motivation, etwas an ihrer Situation zu verändern. Das Wohlfühlen in der Begrenztheit der jeweiligen Alltagstrance verstärkt die bisherigen Denk- und Verhaltensweisen. Wenn jedoch die Unzufriedenheit mit sich selbst und der aktuellen Lebenssituation immer größer wird, stellen sich neue Fragen. Fragen wie „Soll das alles gewesen sein?“ oder „Gibt es nicht noch mehr im Leben oder auch in mir?“ sind zwei sehr typische. Wenn sie auftauchen, ist jemand frustriert über die Begrenzung, die er tagtäglich erlebt, insbesondere, wenn er sich in der Anpassungstrance befindet.

Ein Mensch in dieser Phase geht seiner Arbeit nach, verdient Geld, er führt einen Haushalt, hat eventuell eine Partnerin oder einen Partner oder auch Kinder. Das hat ihn lange Zeit ausgefüllt. Nun spürt er aber, dass es nicht bis zum Ende seines Lebens so weitergehen kann, da er sich in einer Art Tretmühle des Funktionierens gefangen fühlt. Diese Unzufriedenheit oder Frustration zeigt sich häufig in Traurigkeit, Zukunftsängsten oder einer großen Erschöpfung und Müdigkeit. Zeitweise weiß der Betroffene nicht, wie er da herauskommen soll. Er spricht mit seinen Angehörigen oder Freunden, aber diese können ihm oft auch nicht helfen. Die zweite Phase der Bewusstseinsentwicklung kann sich in Beziehungsproblemen zeigen, in Problemen im Beruf, mit Finanzen oder der Gesundheit. In dieser Phase ist das Bewusstsein jedoch noch nicht in dem Maße erweitert, dass ein Mensch, der sich wie Michael, Anja oder Elke gerade darin befindet, eine wirkliche Veränderung seiner begrenzten Denk- und Verhaltensweisen anstreben würde. Häufig wird eher versucht, das Verhalten der anderen Menschen zu verändern als bei sich selbst anzusetzen.

Abhängig davon, in welchem Trancezustand sich ein Mensch befindet, wird die Art seines Verhaltens ausfallen, mit dem er andere Menschen beeinflussen möchte. Ein Mensch in einer Opfertrance wird sich als noch hilfsbedürftiger und kleiner darstellen als er sich ohnehin schon fühlt. Ein Mensch in einer Anpassungstrance wird sich noch stärker den jeweiligen Lebensumständen, zum Beispiel im Beruf oder in der Partnerschaft, anpassen. Ein Mensch in einer Macht- oder Überlegenheitstrance wird noch ausgiebiger versuchen, über seine erreichte Machtpositionen oder scheinbare Überlegenheit einen anderen Menschen einzuschüchtern und damit zu manipulieren. Wenn sich jemand in einer Widerstandstrance befindet, wird er sich noch heftiger gegen äußere Umstände wehren und rebellieren. Wenn es einem Mensch nicht gelingt, durch Verstärkung der bisherigen Strategien Erfolg zu haben, versucht er häufig, auf der Verhaltensebene Veränderungen zu erreichen. Beide Vorgehensweisen – zu versuchen, andere Menschen oder aber die Lebenssituation zu ändern – sind ohne eine Veränderung der inneren begrenzenden Muster ohne nachhaltige Wirkung. Auch Elke, Michael und Anja verfallen auf diese Strategien, um mit ihrer momentanen Situation zurechtzukommen.

Elke, der Krankenschwester, fällt es im Augenblick schwer, nach einer Reihe von Nachtschichten in ihren alten Rhythmus zurückzukommen. Obwohl sie schlecht schlafen konnte und sich tagsüber erschöpft fühlte, hatte sie sich für mehrere Dienste eintragen lassen, da sie sich für einen bestimmten Patienten sehr verantwortlich fühlt. Der Patient hat sich inzwischen auch stabilisiert, was ihr ein gutes Gefühl gibt. Aber sie kommt einfach nicht in ihren gewohnten Rhythmus zurück und weiß irgendwie nicht, was eigentlich mit ihr los ist. Zur Fotografie hat sie im Moment auch keine richtige Lust. Um ihre Müdigkeit zu überwinden, hat Elke angefangen, vermehrt Süßes zu essen. Anfangs hat das auch geholfen, allerdings hat sie davon Bauchschmerzen bekommen. Als Krankenschwester weiß Elke natürlich, dass zu viel Zucker nicht gesund ist, es hat sie aber trotzdem nicht abgehalten. In letzter Zeit hat sie auch etwas zugenommen, was ihr gar nicht gefällt. Ihr Mann, der etwas älter und in seinem letzten Jahr vor der Rente ist, bekommt natürlich mit, wie es ihr geht. Gerade gestern haben sie sich richtig gestritten, weil er meint, dass sie sich übernommen habe. Außerdem haben sich in letzter Zeit ihre Kinder wenig bei Elke gemeldet, ihre Tochter hat sie telefonisch länger nicht erreicht. Manchmal fragt sie sich, ob das, was sie alles gegeben hat, überhaupt in der Kindererziehung angekommen und honoriert worden ist. Im Moment hadert sie etwas mit ihrem Schicksal. Nicht nur ihr Mann, auch ihre Freundinnen haben ihr in letzter Zeit geraten kürzerzutreten. Das hat sie geärgert, schließlich ist sie keine alte Frau. Da gibt es wohl keinen, der sie richtig versteht. Deshalb hat sich Elke in ihre Bücher vertieft, denn ihre Fachbücher haben ihr immer noch geholfen, nicht zu viel über Probleme nachzudenken. Ihrem Mann gegenüber hat sie jedenfalls deutlich gemacht, dass er seine Einstellung ändern muss, damit sie wieder auf ihn zugehen kann. Auch ihren Freundinnen gegenüber wird sie dies deutlich machen. Was ihre Tochter angeht, so wird sie ihr auf die Mailbox sprechen, dass das so nicht gehe und sie sich melden solle.

Michael, der Tischler, hat zwischenzeitlich einige Projekte abgearbeitet und genügend Geld beiseitegelegt, um mit seiner Familie einen ausgiebigen Urlaub machen zu können. Den braucht er auch, leider dauert es bis es soweit ist aber noch acht Wochen. Er ist inzwischen an einen Punkt gekommen, an dem er sich fragt, ob das, was er bis jetzt erreicht hat, ihm noch ausreicht. In letzter Zeit verspürte er trotz seiner Interessen und seiner anspruchsvollen Arbeit öfter ein Gefühl der Leere und Lustlosigkeit. Zeitweise war er müder und antriebsloser als sonst. Seine Hobbys, die Treffen mit Freunden und der Sport füllen ihn momentan nicht so aus, wie er es gewohnt ist. In letzter Zeit ließen sich auch die Meinungsverschiedenheiten zwischen seiner Frau und ihm nicht mehr so leicht aus dem Weg räumen.

Er empfindet seine Frau als gereizter, auch er selbst reagiert teilweise bei einem Streit heftiger, als er es von sich kennt. Körperlich fühlt er sich angeschlagen. Sein letzter Infekt ist trotz einer Antibiotikabehandlung nicht vollständig verschwunden. Michael führt das alles auf den vermehrten Stress bei der Arbeit zurück, die Baustelle läuft zurzeit nicht so gut, der Auftraggeber hat sich als schwierig herausgestellt. Er ist nun dazu übergegangen, abends ein oder zwei Bier zu trinken, um sich zu entspannen. Seiner Frau gefällt dies zwar nicht, aber das ist nur eine Phase. Trotz seiner Müdigkeit hat er sich dazu durchgerungen, wieder mehr Sport zu treiben als sonst und fühlt sich dadurch gerade etwas besser. Seine Frau hat er davon überzeugen können, wegen seiner beruflichen Anspannung mehr Rücksicht auf ihn zu nehmen. Im Moment fühlt sich Michael stabilisiert.

Anjas Karriere hat in der Zwischenzeit einen weiteren Sprung gemacht. Der Chef hat ihr eine Gehaltserhöhung angeboten, mit der sie sehr zufrieden ist. Doch das hat seinen Preis. Sie hat das Gefühl, dass sie in letzter Zeit zu viel gearbeitet hat. Ihre jetzige, noch anspruchsvollere Tätigkeit verlangt von ihr, noch mehr unterwegs zu sein, weshalb sie häufig in Hotels übernachten muss. Das gefällt ihr nicht, da ihr gewohnter Tagesablauf unterbrochen ist. Außerdem schläft sie dort nicht gut. Morgens fühlt sie sich wie gerädert und muss mit viel Kaffee dagegen ankämpfen. Da nützt auch das Lob ihres Chefs nichts, dass sie gut arbeitet und der Kunde zufrieden ist. Anja fühlt sich unausgeglichen und angespannt. Sie weiß, dass dies nur eine Phase ist und versucht, sich im Hotel bei einem Glas Rotwein mit Fernsehen abzulenken und zu entspannen. Weil sie aber so schlecht schlafen kann, nimmt sie eine Schlaftablette, die ihr Arzt ihr verschrieben hat. Sie kann dadurch zwar schlafen, doch fühlt sie sich morgens trotzdem müde. Inzwischen hat es einige Marathonsitzungen in der neuen Firma, in der sie berät, gegeben. Anja fiel es immer schwerer, sich den ganzen Tag zu konzentrieren. Bisher hatte sie immer das Gefühl, alles alleine zu schaffen, und anregende Mittel abgelehnt. Doch diesmal hat sie sich dazu hinreißen lassen, sich in einer Apotheke Koffeintabletten zu besorgen, um den Tag durchzustehen. Sie weiß, dass Tabletten nur eine vorübergehende Lösung sein können.

In gewisser Hinsicht ist die zweite Phase der Bewusstseinsentwicklung eine der schwierigsten. Man befindet sich nicht mehr vollständig in seiner Komfortzone, hat aber noch keine Möglichkeit (oder ist noch nicht bereit) etwas Neues auszuprobieren. Die alten Muster werden verstärkt, der Leidensdruck erhöht sich. In dieser Phase wird der Betroffene durch verschiedene Verhaltensweisen versuchen, wieder in die Komfortzone zurück zu gelangen, um sich besser zu fühlen und seinen unbefriedigenden Zustand zu kompensieren. Für die hierfür notwendigen Strategien sind unsere inneren Kontrollmechanismen zuständig. Ein Beispiel für diese Strategien sind die klassischen Abwehrmechanismen, die aus der Tiefenpsychologie und Psychoanalyse bekannt sind[6]. Dazu zählen vor allem Verdrängung und Projektion (siehe Infobox).

Infobox *Abwehrmechanismen*

Verdrängung bedeutet, dass bestimmte Erlebnisse aus dem Bereich der bewussten Wahrnehmung in das Unbewusste geschoben, also verdrängt werden. Die Erinnerungen werden dadurch zwar nicht ausgelöscht, gelangen aber nur noch erschwert ins Bewusstsein.

Wenn ein innerer Konflikt verdrängt wird, kann sich dies in Form körperlicher Beschwerden zeigen. Zum Beispiel können verdrängte Wutgefühle als Magen- oder Hautprobleme aufscheinen.

Bei einer **Projektion** werden die eigenen unerwünschten Gefühle, Absichten und Bewertungen auf andere Personen übertragen. Dies geschieht zumeist unbewusst. Derjenige, der projiziert, ist davon überzeugt, dass der andere diese Emotionen und Eigenschaften hat. Wer zum Beispiel aggressive Gefühle verdrängt und dann auf einen anderen Menschen projiziert, erlebt sich selbst als friedfertig und freundlich, während das Gegenüber als aggressiv wird.

Aggressives Verhalten anderen gegenüber („Du bist schuld“) oder der **passive Rückzug** („Mit Dir spreche ich nicht mehr“) sind oft ebenfalls ein Zeichen für die Abwehr der eigenen unerwünschten Gefühle.

Die Abwehr der eigenen Emotionen kann eine Weile gut gehen. Wenn die eigenen Abwehrmechanismen jedoch nicht mehr so gut funktionieren, erscheinen sogenannte **Notfallhelfer** (siehe Kapitel 6). Sie sind, wie der Name schon sagt, für den Notfall zuständig und greifen dann rigoros ein. In Beziehungen kann das ein heftiger Ausbruch von Aggression oder ein völliger Rückzug sein. Die Notfallhelfer setzen auch Süchte ein, um die aufkommenden schmerzhaften Gefühle in den Griff zu bekommen und uns davon abzulenken. Dadurch wird die Situation natürlich nicht verbessert, sondern eigentlich verschlimmert sie sich noch. Die Betroffenen entfernen sich noch mehr von sich selbst und ihren eigenen Gefühlen und Wahrnehmungen. In der intensiven Zeit, in der wir leben, müssen das Kontroll-Ich und die Notfallhelfer immer mehr arbeiten. Weitere Hauptkompensationsmechanismen sind alle Arten von Sucht, wobei es stoffungebundene und stoffgebundene Süchte gibt. Zu den stoffgebunden Süchten zählen zum einen alle legalen Drogen wie Alkohol und Zigaretten, zum anderen die illegalen Drogen. Alkohol dient der Betäubung unangenehmer Gefühle und der Entspannung, Zigaretten haben eine ähnliche Funktion.

Eine stoffungebundene Sucht kann die nach Ablenkung sein, zum Beispiel durch häufiges Treffen mit anderen Menschen, ständiges Unterwegssein auf Konzerten und Partys oder indem man sich durch Fernsehen, Internet, PC-Spiele oder Bücher ablenken lässt. Eine besondere Form der Ablenkung ist, sich in die Arbeit hineinzustürzen, ein Verhalten, dass jemand zum Workaholic macht. Diese besonders von unserer Gesellschaft geförderte Form der Sucht hat den Perfektionismus, das Leistungsdenken zur Grundlage. Ein sehr hoher Einsatz im Bereich der Arbeit wird oftmals durch mehr Geld oder Anerkennung belohnt. Auf eigene Bedürfnisse nimmt ein Workaholic keine Rücksicht, was auf Dauer zu Burn-out und Erschöpfung führt.

Eine weitere Droge, die wie Arbeit nicht stofflich ist, ist Sport treiben in einem Maße, welches dem Körper nicht guttut. Sucht verstärkend ist die Tatsache, dass bei Extremsportlern oft Endorphine, also körpereigene Belohnungsstoffe, ausgeschüttet werden (siehe Infokasten). Gleichwohl lenkt übermäßiger Sport von unangenehmen Gefühlen und inneren Zuständen ab. Essen kann ebenfalls eine Sucht sein. Entweder isst jemand zu viel, um seine Gefühle zu überspielen und zu betäuben, oder er isst zu wenig und versucht über sein Äußeres seine Probleme zu kompensieren. Im Extremfall zeigt sich dies in der Magersucht, in der ebenfalls Endorphine ausgeschüttet werden, was die Sucht wie bei Extremsportlern auch verstärkt und aufrechterhält. Allen Süchten ist gemeinsam, dass sie eine Zeit lang helfen in die Komfortzone zurückzukehren. Irgendwann aber kommt der Zeitpunkt, an dem der Körper den Raubbau an den eigenen Reserven nicht mehr mitträgt, weil der Betroffene permanent über seine Grenzen geht; ein Verhalten, das auf Dauer zu Erschöpfung und innerer Leere führt.

Infobox zum *Teufelskreis der Lust*

Der Mediziner Dr. Ingo Schymanski beschreibt in seinem Habituationsmodell[7], wie eine ständige Stimulation des Belohnungs- oder Lustzentrums in der Mitte des Gehirns zu einer Erschöpfung der belohnenden Botenstoffe führt. Zunächst werden die Speicher der Neurotransmitter für gute Gefühle durch ständige Überreizung, wie dies bei Süchten der Fall ist, erschöpft. Insgesamt führen aber nicht nur Süchte im engeren Sinne zu dieser Erschöpfung, sondern oft auch der immer schneller werdende Lebensstil der heutigen Zeit mit den vielen Terminen und Aufgaben ohne genügend Ruhepausen. Wenn dann die Belohnungstransmitter erschöpft sind, werden Menschen zunehmend müder und antriebloser, die Stimmung verschlechtert sich, eine innere Leere entsteht. Aber das ist noch nicht alles: Wenn die Belohnungsstoffe erschöpft sind, werden im Anschluss auch keine beruhigenden und ausgleichenden Neurotransmitter ausgeschüttet. Als Folge sind Menschen nicht nur erschöpft und schlecht gelaunt, sondern fühlen sich innerlich unruhig und angespannt. Erst wenn man zu innerer Ruhe zurückfindet, können sich die Speicher der Botenstoffe im Gehirn wieder auffüllen.

Wenn es nicht mehr gelingt in der Komfortzone zu bleiben, naht das Ende der Phase 2 der Entwicklung des menschlichen Bewusstseins, in welcher man sich noch nicht wirklich verändern möchte, und es kommt zum Übergang in die Phase 3.

Typische Erfahrungen in der Phase 2:

- Sie sind unzufrieden mit Ihrer aktuellen Lebenssituation und stellen bisher Erreichtes infrage. Es kommt in Ihnen die Frage nach dem Sinn des Ganzen auf. Zeitweise verlassen Sie Ihre Komfortzone.
- Es tauchen verdrängte Gefühle wie Angst, Wut, Traurigkeit oder Einsamkeit auf, zeitweise entsteht Leidensdruck.
- Der Versuch, mithilfe des inneren Kontroll-Ich (Kontroll- und Abwehrmechanismen) oder der Notfallhelfer (Suchtverhaltensweisen) zurück in die Komfortzone zu gelangen, gelingt in dieser Phase noch häufig.
- Sie interessieren sich für Themen, die über das Massenbewusstsein hinausgehen, greifen zum Beispiel nach Ratgebern über den Umgang mit den eigenen Gefühlen und die Erfüllung eigener Wünsche.

Zusammenfassung

1. Die 2. Phase der Bewusstseinsentwicklung ist besonders schwierig: Wenn Sie sich in dieser Phase befinden, sind Sie nicht mehr so ganz in Ihrer Komfortzone, aber noch nicht bereit etwas Neues auszuprobieren. Die alten Muster werden verstärkt, der Leidensdruck erhöht sich.
2. Sie versuchen durch verschiedene Verhaltensweisen in die Komfortzone zurückzukehren, um sich besser zu fühlen. Für die hierfür notwendigen Strategien ist Ihr Kontroll-Ich zuständig, das unter anderem mit verschiedenen Formen der Kontrolle und Manipulation des eigenen Verhaltens oder des Verhaltens anderer Menschen arbeitet. Wenn dies nicht mehr so gut gelingt, erscheinen Notfallhelfer, die Ihnen helfen, etwa mit Suchtverhalten aus unangenehmen Gefühlen herauszukommen oder sich davon abzulenken.

3. Es gibt verschiedene Formen von Abwehrmechanismen wie Verdrängung oder Projektion, die Ihnen helfen, unangenehme Gefühle gar nicht oder nur in geringem Maße wahrzunehmen. Außerdem werden stoffliche und nicht stoffliche Drogen benutzt, um wieder in die Komfortzone zu kommen.

Impulse

1. In welchen Bereichen Ihres Lebens bemerken Sie, dass Sie dabei sind, Ihre Komfortzone zu verlassen?
2. Welche Arten von Kompensationsmechanismen können Sie bei sich feststellen?
3. Welche Arten von stoffgebundenen oder nichtstoffgebundenen Süchten oder Drogen gibt es in Ihrem Leben?

3 | Krisen als Chance: Warum wir oftmals Probleme zum Aufwachen brauchen

In der heutigen Zeit wird es immer schwieriger, die eigene Unzufriedenheit im Alltag zu kompensieren. Ein Mensch in der dritten Phase der Bewusstseinsentwicklung zweifelt noch stärker als jemand in der zweiten Phase an dem, was ihm bisher gefallen hat und was er bisher für richtig hielt. Er spürt, dass er innerhalb der Grenzen, in denen er sich befindet, nicht weiterkommt, dass er sich erweitern muss. Er merkt, dass die Versuche, andere Menschen zu verändern, keine wirkliche Zufriedenheit bringen. Genauso verhält es sich mit der Veränderung von Lebensumständen ohne die gleichzeitige Veränderung der alten Denk- und Verhaltensmuster. Auch dies macht einen Menschen in der dritten Phase nicht zufriedener. Es zeigen sich nun immer häufiger körperliche Symptome wie muskuläre Verspannungen oder psychische Beschwerden, etwa depressive Verstimmungen und Ängste. Auch völlige Erschöpfung und Burn-out stehen in dieser Phase auf dem Programm.

Die Trancezustände, die mithilfe der Abwehrmechanismen in der ersten Phase noch ein Wohlfühlen in der Komfortzone ermöglichten und sich in der zweiten Phase als Unzufriedenheit zeigten, manifestieren sich in dieser dritten Phase als unübersehbare und schwer kompensierbare Krise. In Beziehungen kann sich diese Krise in Form dramatischer Konflikte zeigen, in einer Partnerschaft als eine nicht mehr vermeidbare Trennung. Dies geht oft mit heftigen Gefühlen und einer Aktivierung der alten Denk-, Gefühls- und Verhaltensmuster einher. Im Berufsleben kann sich die Krise durch übermäßige Anforderungen mit vielen Überstunden, in Konflikten mit den Vorgesetzten oder Kollegen und durch eine enorme Belastung durch Stress äußern. Die Strategien aus der zweiten Phase funktionieren nicht mehr. Alle Versuche, andere Menschen oder die äußere Situation zu verändern, führen nicht zum Erfolg. Eine Verdrängung der Gefühle gelingt immer nur für kurze Zeit. Stress- und Anspannungssymptome zeigen sich dadurch nur umso mehr. Manche Menschen versuchen in dieser Phase immer noch, ihre Symptome verstärkt durch Alkohol oder andere, auch nichtstoffliche Drogen wie etwa Überaktivität zu betäuben, was jedoch nicht gelingt. Vielmehr wird die Krise dadurch verstärkt. Es leidet nicht nur die Gesundheit der Betroffenen, auch die Beziehungsprobleme oder beruflichen Konflikte spitzen sich zu und erscheinen noch auswegloser. Es kann sein, dass erst ein sogenannter „Nullpunkt“ erreicht werden muss, bevor jemand bereit ist, über die bisherigen Grenzen hinauszuschauen oder Hilfe anzunehmen.

Diese Phase des Bewusstseinswandels mit all ihren Krisen eröffnet die Chance, anstatt nach außen vertieft nach innen zu blicken, nach möglichen Ursachen für die Situation zu forschen und einen Sinn im Ganzen zu finden. Denn wenn der Leidensdruck zu groß wird, werden erstmals bisherige Denk-, Gefühls- und Verhaltensweisen infrage gestellt. Nach dem bekannten Arzt und Psychotherapeuten Carl Gustav Jung, der mit seinen Theorien und Forschungen seiner Zeit weit voraus war, ist dieses Krisenerleben in Phase 3 Teil der Individuation.[8] Individuation bedeutet demnach, zum eigenen Selbst zu werden, sich selber in seiner Einzigartigkeit zu verwirklichen und das eigene angelegte Potenzial zu entfalten. Im Verlauf der individuellen Lebensgeschichte eines Menschen fand dieses Krisenerleben bisher vorwiegend im mittleren Lebensalter, ab Ende dreißig und in den Vierzigern statt. Häufig wird diese Phase als „Midlife-Crisis" bezeichnet. Heutzutage, in dieser transformativen Zeit, kann sich eine solche Krise in jedem Lebensalter zeigen.

Bei **Michael**, dem Tischler, zeigt sich die Krise darin, dass schon zwei Wochen nach dem dreiwöchigen Familienurlaub, der ihm gutgetan hat, erneut das Gefühl der Erschöpfung und der inneren Leere auftaucht. Jetzt wird auch sein Schlaf schlechter. Michael kann sich das nicht erklären, merkt aber, dass er sich immer häufiger die Frage nach dem Sinn stellt. Er fühlt sich von Tag zu Tag mehr wie in einer Tretmühle: Morgens aufstehen, den ganzen Tag ackern und abends keine Ruhe finden. Zudem beginnen nun auch seine Kinder Schwierigkeiten zu machen. Seine Tochter kommt in die Pubertät und ist äußerst kratzbürstig und frech. Ständig gibt es Streit mit ihr. Sein Sohn hat immer mehr Probleme in der Schule und droht sitzen zu bleiben. Michael fängt an, sich Sorgen und Gedanken um die Zukunft zu machen und fragt sich, wie es mit den Kindern weitergehen soll. Er beginnt Druck auf sie auszuüben, was seiner Frau gar nicht gefällt. Sie verteidigt die Kinder viel zu sehr wie er findet. Nun gibt es wieder vermehrt ehelichen Streit. Und zwar so sehr, dass wirklich die Fetzen fliegen. An einem Tag ist der Streit so stark, dass seine Frau aus dem Schlafzimmer auszieht und im Wohnzimmer übernachtet. Das hat es noch nie gegeben und Michael ist entsetzt. Er hat das Gefühl, dass ihm alles über den Kopf wächst. Er entwickelt Zukunftsängste und schafft es kaum morgens aus dem Bett zu kommen. Mit seiner Frau hat er die letzten drei Tage nicht gesprochen. Während des Urlaubs und auch noch einige Zeit danach hatte er keinen Alkohol mehr getrunken, doch jetzt fängt er wieder damit an. Immer häufiger bleibt es aber nicht nur bei einem oder zwei Bier, an manchen Tagen bringt er es auf drei oder vier Flaschen. Es kommt auch immer öfter vor, dass seine Frau im anderen Zimmer schläft. Er trifft kaum noch Freunde, ebenso kommt der Sport zu kurz. Michael hat einfach keine Kraft dazu. Nachdem er zwei Wochen krankgeschrieben war, rät ihm sein Arzt zu Antidepressiva. Einige Zeit scheint es ihm damit besser zu gehen. Die Tabletten haben jedoch deutliche Nebenwirkungen, also setzt er sie wieder ab. Nachdem er mehrere Mittel ohne großen Erfolg ausprobiert hat, rät ihm sein Arzt einen Psychotherapeuten aufzusuchen, um über seine Probleme zu reden. Michael braucht ganze drei Wochen dazu, sich dazu durchzuringen einen Psychologen anzurufen. Schon während des Erstgespräches wird klar, wie ernst die Lage ist: Wegen der langen Krankschreibung droht der Jobverlust. Zudem trägt sich seine Frau mit Trennungsgedanken. Zu seinen Kindern hat er keinen richtigen Zugang mehr, sie reden gar nicht mehr mit ihm. Im Verlauf der nächsten Wochen wird immer deutlicher, dass es mit der Ehe nicht mehr funktioniert. Michael zieht aus und nimmt sich eine kleine Wohnung. Er beginnt an sich zu arbeiten.

Anja ist nach der sehr anstrengenden Zeit in den neuen Firmen, die sie beraten hat, zwar wieder zur Ruhe gekommen. Doch ihr wird jetzt immer klarer, dass sie nicht wieder in solch eine Tretmühle hineinkommen will. Außerdem fehlt ihr ein Partner. Sie ist jetzt zwar weniger gestresst und häufiger zu Hause, fühlt sich aber immer häufiger einsam. Die Abende, an denen sie sich früher so gut ablenken konnte, werden jetzt länger und länger und auch die Wochenenden ziehen sich dahin. Anja fühlt sich auf einmal nicht mehr so autonom wie zuvor. Etwas, worauf sie immer sehr stolz gewesen war. Über Kontaktanzeigen und Internetplattformen sucht sie Kontakte, findet aber keinen Mann, den sie gerne näher kennenlernen möchte. Bei einer persönlichen Begegnung merkt sie zudem, dass ihr Nähe Angst macht. Das ist doch verrückt, denkt sie: Einerseits möchte ich einen Partner, andererseits habe ich Angst vor Nähe. Als ihr Chef von Neuem von ihr verlangt, ständig unterwegs zu sein, zieht sie die Notbremse: Sie lässt sich krankschreiben und beschließt, Abstand von diesem ganzen Stress zu bekommen. Sie zweifelt jetzt auch zunehmend daran, ob es richtig war, alles auf die Karte Karriere zu setzen. Doch trotz Krankschreibung wird ihre Stimmung einfach nicht besser. Anstatt zu schlafen, grübelt sie viel. Anja hat immer mehr das Gefühl, dass sie kaum noch aus dem Bett kommt, obwohl sie derzeit beruflich gar nicht belastet ist. Schließlich sucht sie professionelle Hilfe bei mir.

Auch bei **Elke** hat sich die Situation zugespitzt. Mit ihrer Familie hat es sich zwar wieder eingerenkt, doch als der von ihr versorgte Patient plötzlich stirbt, zieht es Elke den Boden unter den Füßen weg. Sie fühlt sich hilflos, hat den Eindruck, dass sie keinen wirklichen Einfluss nehmen kann auf die Geschehnisse, die ihr wichtig sind. Plötzlich stellt Elke infrage, welchen Sinn ihre Tätigkeit wirklich hat. Jahr für Jahr hat sie sich in ihrem Beruf aufgeopfert, doch vielen Patienten konnte sie letztlich nicht helfen. Außerdem muss Elke aufgrund einer erneuten Umstrukturierung mehr Schichten als sonst übernehmen und viele Überstunden machen. Jetzt reicht es ihr! Sie lässt sich krankschreiben und will die Situation erst einmal aussitzen. Als ihre Pflegedienstleiterin sie anruft und ihr unfaires Verhalten vorwirft, ist sie entsetzt. Nach all den Jahren der Hingabe für diesen Beruf bekommt sie jetzt so eine Breitseite; und dies, wo ihre Pflegedienstleiterin doch genau weiß, wie oft sie für ihre Kolleginnen eingesprungen ist. Ihre Stimmung sinkt rapide, Elke fällt in eine regelrechte Depression. Auch an Schlaf ist nicht mehr zu denken, da sie ständig über diese Situation nachdenkt. Ihr Mann ist auch keine Hilfe, er hat selbst mit der starken Überlastung im Dienst zu tun und reagiert häufig gereizt. Elke weint jetzt immer öfter, zeitweise kommt ihre Tochter zu ihnen, um sich um die Mutter zu kümmern. Das hilft jedoch nicht wirklich, es geht ihr nicht besser. Daraufhin beginnt Elke an ihren alten Mustern und Themen zu arbeiten.

Häufig erwacht ein Mensch während einer solchen tiefen Krise das erste Mal aus einem Trancezustand. Weil es für ihn völlig ungewohnt ist, sich im Hier und Jetzt zu befinden, spürt er zunächst eine Art innere Leere, die Angst auslösen kann. Dieser Zustand hält jedoch die Möglichkeit bereit, das eigene Bewusstsein zu erweitern und Zugang zum eigenen größeren Potenzial zu bekommen. Es kann allerdings auch sein, dass der Betroffene nach einer überstandenen Krise in den alten Trancezustand zurückfällt und sein Leben ähnlich weiterführt wie zuvor. Allerdings wird er dann höchstwahrscheinlich nach einiger Zeit abermals einen krisenhaften Zustand erreichen, sodass der Kreislauf erneut beginnt. In diesem Fall kann es auch zu ernsthaften Erkrankungen auf körperlicher oder psychischer Ebene kommen, die nicht so leicht zu überwinden sind und unter Umständen chronisch werden.

Infobox *Krise in Zahlen*

Für 2015 und die letzten Jahre gibt es aktuell alarmierende Zahlen: Psychische Erkrankungen wie Burn-out nehmen immer mehr zu und sorgen für deutlich mehr Arbeitsausfälle. Seit dem Jahr 2013 haben sich die Zahlen laut des Gesundheitsatlas der Betriebskrankenkassen mehr als verdoppelt. Durchschnittlich fallen Betroffene 40 Tage im Jahr aus – darunter viele Menschen ab 30 Jahre.

Laut einer Studie der Bertelsmann-Stiftung beklagten 42 Prozent der Befragten, dass das Arbeitsumfeld durch steigende Leistungsziele geprägt werde.[9] Jeder Dritte weiß nicht mehr, wie er den Ansprüchen gerecht werden soll. Werden zu hohe Ziele dennoch erreicht, gelten diese sofort als neuer Maßstab. Dies führte nicht nur zu vermehrten Krankheitstagen wegen Burn-out, Ängsten und Depressionen, sondern auch zu einer zunehmenden Frühverrentung wegen psychischer Probleme. Im Jahr 2013 betrug der Anteil derer, die aufgrund einer solchen Erkrankung in die Erwerbsminderungsrente gegangen sind, 42,7 Prozent an allen neuen Frührentnern. Das ist ein neuer Rekordwert[10]. Seitdem ist dieser Anteil noch mehr gestiegen.

Auch auf gesellschaftlicher Ebene zeigt sich heutzutage eine Vielzahl von Konflikten und Krisen. Von der Finanz- und Bankenkrise der letzten Jahre über die Eurokrise bis hin zum aktuellen Flüchtlingsdrama, das in vielen Menschen starke Gefühle auslöst. Viele der führenden Politiker und Wirtschaftsführer befinden sich in einer Anpassungstrance verbunden mit Leistungsstreben und Perfektionismus. Es wird von Fortschritt gesprochen, wenn das Bruttosozialprodukt und die Erträge der Banken und Wirtschaftsunternehmen von Jahr zu Jahr steigen. Es entsteht ein enormer Druck, diese Leistungen zu erzielen, obwohl klar ist, dass ein ununterbrochener wirtschaftlicher

Aufschwung unmöglich ist. Die Vorgänge in der Natur zeigen deutlich, dass es nicht nur Wachstum geben kann. Gleichzeitig gibt es immer größere Verpflichtungen in Zeiten globaler Krisen und der jetzigen Flüchtlingssituation. Dazu kommen weltweit steigende Umweltbelastungen in Form einer gravierenden Verschlechterung der Luft-, Boden und Wasserqualität sowie eine deutliche Verknappung des Trinkwassers. Weltweit gibt es Währungskriege, Wirtschafts- und Ressourcenkriege, ausgelöst durch Machtbestrebungen, ethnische Konflikte und terroristische Angriffe. Es existiert Armut, unter anderem aufgrund der ungleichen Verteilung der Ressourcen. Obwohl wir in einer massiven Krisensituation stecken wird immer noch versucht, diese Krise mit den alten Methoden zu meistern, also nur begrenzt und lokal etwas zu verändern. Es wird indes immer deutlicher, dass dieser Ansatz auf Dauer nicht funktionieren kann und zu kurzsichtig ist.

All diese Krisen existieren ausschließlich aufgrund der Illusion, dass die einzelnen Menschen und Völker voneinander getrennt sind. Wie bei jedem Menschen ist auch auf gesellschaftlicher und globaler Ebene die einzige Chance auf tief greifende Veränderungen eine Bewusstseinserweiterung. Es geht um das Erkennen der alten Denk- und Verhaltensmuster und das Aufwachen aus der globalen Trennungstrance. Veränderungsversuche alleine auf der Ebene politischer, finanzieller und wirtschaftlicher Strategien und Entscheidungen reichen nicht mehr aus. Es ist notwendig, dass wir aufwachen und erkennen, dass wir *einen* Ursprung haben und auf tiefster Ebene eins sind. Je mehr Menschen heute und in der nächsten Zeit erwachen, desto stärker wird sich dies auf die Lösung der gegenwärtigen globalen Krisen auswirken.

Typische Erfahrungen in Phase 3:

- Versuche, wieder in die Komfortzone zu kommen, scheitern zunehmend. Bisher verdrängte Gefühle können mithilfe des inneren Kontroll-Ich oder der Notfallhelfer nicht erfolgreich zurückgedrängt werden. Es treten Symptome wie depressive Verstimmungen und Erschöpfung, Angstzustände, Schlafprobleme oder zwanghaftes Verhalten auf. Der Leidensdruck ist im Vergleich zu Phase 2 wesentlich größer.

- Sie erwachen aus langjährigen Trancezuständen. Kreative Inhalte tauchen auf.
- Sie haben ein vermehrtes Interesse an der eigenen Entwicklung, nehmen (therapeutische) Hilfe in Anspruch und interessieren sich für spirituelle Themen.

Zusammenfassung

1. Aufgrund der globalen Trennungstrance gibt es Kriege, Armut und die ungleiche Verteilung der Ressourcen in der Welt.
2. Immer mehr Menschen leiden unter Burn-out und psychischen Problemen, was dazu führt, dass sie nicht mehr arbeiten und nicht mehr in der Komfortzone bleiben können.
3. Der Teufelskreislauf aus zu viel Aktivität und Erschöpfung führt schließlich dazu, dass Betroffene in die Phase 3 der Bewusstseinsentwicklung wechseln und in eine massive Krise kommen.
4. In einem solchen Krisenerleben erwachen Betroffene häufig das erste Mal aus einem Trancezustand. Weil es für sie ungewohnt ist, im Hier und Jetzt zu sein, befinden sie sich in einer Art Leere, die Angst auslösen kann. Dieser Zustand hält jedoch die Möglichkeit bereit, das eigene Bewusstsein zu erweitern und Zugang zum eigenen größeren Potenzial zu bekommen. Das Erleben von Individualität und Kreativität kann gespürt werden, die Krise kann als Chance erlebt werden.

Impulse

Wenn Sie sich schon einmal in Phase 3, in einer handfesten Krise befunden haben oder sich sogar aktuell darin befinden, denken Sie über folgende Fragen nach:

1. Wie sind Sie von Phase 1 über Phase 2 in diese Krise gekommen?
2. Wie wirkt sie sich bei Ihnen aus? Was hat sich an Ihrer Lebenssituation geändert, zum Beispiel auf der Arbeit oder im Beziehungsbereich?
3. Was haben Sie bisher getan, um aus der Krise herauszukommen? Haben Sie eine Verstärkung bestimmter Abwehrmechanismen oder von Suchtverhalten bemerkt, haben Sie sich Hilfe gesucht?

4 | Das Bewusstsein erweitern: Sie sind mehr als Sie denken!

Wenn einem Menschen klar geworden ist, dass er eine Krise nicht meistern kann, indem er alte Verhaltensweisen und Muster wiederholt, wird er etwas Neues ausprobieren. In dieser vierten Phase der Bewusstseinsentwicklung kommt der Betroffene durch das Erkennen und die Veränderung seiner alten Muster aus der Krise heraus.

Je mehr ein Mensch die Grenzen seines Ich und damit sein Bewusstsein erweitern kann, desto mehr Mitgefühl hat er mit anderen Menschen und Wesen. Die Ungleichverteilung der Ressourcen in der Welt, die Armut, Kriege und Ungerechtigkeit berühren ihn. Er informiert und engagiert sich, um zumindest in seinem persönlichen Einflussbereich für Veränderungen einzutreten. Außerdem wird er auch seiner Sehnsucht, sich mit dem größeren Bewusstsein zu verbinden, nachgehen. Auf bewusster und teils unbewusster Ebene bemerkt er diese Verbindung, sei es in Träumen, sei es in stillen Momenten, wenn er innerlich zur Ruhe kommt. Vielleicht hat er eine Ausbildung in spirituellen und energetischen Methoden absolviert, angefangen Yoga zu üben oder zu meditieren. Oder er hat angefangen, sich als Künstler, Schriftsteller, Maler, Bildhauer oder Musiker zu betätigen, empfängt Inspirationen aus dem umfassenden Energie- und Informationsfeld, das uns alle umgibt, und drückt sie auf der materiellen Ebene, unserer Welt, aus. Gerade nach einer durchgestandenen Krise sind die kreativen Leistungen oft enorm, wie viele Lebensgeschichten von Künstlern zeigen.

Es gibt für Sie viele Möglichkeiten Ihr Bewusstsein zu erweitern: Durch vertiefte Gespräche mit anderen Menschen, in denen Gemeinsamkeiten gefunden werden, können Grenzen durchlässiger werden. Durch die Hinwendung nach innen kann das Interesse an Spiritualität und Meditation entstehen. Eventuell werden die Grenzen des individuellen Ich bereits hier so durchlässig, dass sich ein Teil des größeren Bewusstseins und Ihr inneres Selbst bemerkbar machen können. Auch bei Michael, Anja und Elke hat dieser Prozess nun begonnen.

Anja ist nach einer stationären Reha-Behandlung wieder zurück in meiner Praxis. Sie hat sich so weit stabilisiert, dass sie ernsthaft an ihren Themen arbeiten möchte. Mithilfe des Prozesses *Schöpfer-Transformation* arbeitet sie unter anderem an ihrem Einsamkeitsgefühl. Sie weiß, dass diese Emotion aus ihrer Kindheit stammt, da ihre Eltern oft nicht zu Hause waren und sie allein gelassen wurde. Jetzt ist sie in der Lage, sich selber Halt und Liebe zu geben. Anja hat inzwischen ihre Stelle gewechselt und arbeitet nun in einem Job, in dem es viel ruhiger zugeht. Sie genießt ihre freie Zeit und hat mittlerweile einen Partner gefunden. Gerade am Anfang der Beziehung kamen ihre Ängste vor Nähe jedoch verstärkt zum Vorschein. Mit dem Prozess konnte sie diese Gefühle nun so transformieren, dass sie sich wirklich auf ihren Freund einlassen kann.

Michael hat zwar zunächst große Probleme, sich in der Arbeit bei mir seinen eigenen Gefühlen und alten Mustern zu stellen. Doch als er merkt, dass seine bisherigen Strategien einfach nicht mehr funktionieren, ist er bereit, tief greifende Veränderungen zuzulassen. Mithilfe des Prozesses *Schöpfer-Transformation* arbeitet er an seinen Widerständen, sich auf andere Menschen einzulassen. Er erkennt, dass die Ursache alte Ängste sind, die ihren Ursprung in seiner Kindheit haben. Nach und nach spürt er, dass er offener wird und wieder auf Menschen zugeht. Inzwischen hat sich Michael selbstständig gemacht, indem er sein früheres Hobby, aus Wildholz Möbel herzustellen, zu seinem Beruf gemacht hat. Immer mehr Menschen begeistern sich für seine Produkte und er kann von seiner Arbeit, die ihm große Freude bereitet, bereits leben. Außerdem hat Michael den Kontakt zu seinen Kindern wieder aufgebaut. Sie haben seine Veränderungen bemerkt und verbringen wieder gerne Zeit mit ihm. Er hat auch den Kontakt zu seinen Freunden erneuert und geht alten und neuen Hobbys nach. Mit seiner von ihm getrennt lebenden Ehefrau ist er wieder ins Gespräch gekommen, sie können über immer mehr Themen gut miteinander sprechen.

Elke ist in der Zwischenzeit aus ihrer Opfertrance herausgekommen. Sie hat intensiv mit dem Prozess *Schöpfer-Transformation* an ihren Gefühlen gearbeitet und es fühlt sich für sie sehr machtvoll an, kein Opfer mehr zu sein. Sie weiß jetzt, dass sie die Welt nicht alleine verändern und nicht übermäßig viel Verantwortung auf ihren Schultern tragen muss. Stattdessen nimmt sie nun ihre eigenen Gefühle und Bedürfnisse viel stärker wahr und geht ihnen nach. Sie macht keine Extra-Dienste und Überstunden mehr und genießt ihre freie Zeit. Die Beziehung zu ihrem Mann hat sich ebenfalls deutlich verbessert, denn sie kann nun offener und freier mit ihm über ihre Gefühle reden. Auch er hat sich verändert und sieht jetzt einige Dinge anders und gelassener als vorher. Immer wenn ein Konflikt innerhalb der Beziehung starke Gefühle in ihr auslöst, arbeitet Elke mit dem Prozess. Ihr Mann, der die Veränderung an ihr bemerkt und selber einige Schritte gemacht hat, zeigt mehr Verständnis ihr gegenüber und wirkt selbst ebenfalls ausgeglichener.

Je mehr Sie Ihr Bewusstsein erweitern und Zugang zum umfassenden Bewusstsein erhalten, desto mehr werden Sie aus der Trennungstrance, der ursprünglichsten aller Alltagstrancen, erwachen und eine Art Urvertrauen in das Leben und die Menschen entwickeln. Dann entstehen Gefühle wie Liebe und Mitgefühl ganz von allein. Dies sind Qualitäten, die naturgegeben und fest in uns verankert sind. Sie entdecken immer mehr, dass Sie Teil von etwas viel Größerem sind, fühlen sich verbunden und sehen manche Ihrer bisher ungeliebten Mitmenschen nicht mehr als Feinde oder Konkurrenten an. Solch eine Veränderung hat erhebliche Auswirkungen auf Ihr ganzes Leben. Wenn viele Menschen solch ein erweitertes Bewusstsein hätten, würde dies enorme Auswirkungen auf die gesamte Gesellschaft und die Welt haben.

Unsere Trancezustände dienen im Alltag dem umfassenden Bewusstsein, das auf diese Weise Erfahrungen sammelt. Wir befinden uns jetzt jedoch in einer Phase der Sättigung von Informationen im gesamten Bewusstseinsfeld. Es kommt immer stärker zu einer Integration all dieser Erfahrungen, und eine Fortführung der geschaffenen Begrenzungen wird immer unnötiger. Das umfassende Bewusstsein ist der Ursprung alles Erschaffenen und umfasst alle bewussten Wesen in allen Realitäten. Es hat sich dazu entschlossen, diese Begrenzungen zunehmend zu transformieren und aufzulösen und das Bewusstsein des Einzelmenschen zu erweitern. Auf diese Weise kann ein größerer Teil des Schöpfer-Selbst eines Menschen in sein Ich hineinfließen und sich dort entfalten.

Ihr **Schöpfer-Selbst** ist Ihr größeres und bewusstes Selbst, das alles umfasst, was Sie ausmacht, auch Ihre bisher unentdeckten Potenziale. Ihr **inneres Selbst** gehört zum Schöpfer-Selbst und ist mit dem umfassenden Bewusstsein verbunden. Es repräsentiert Ihr Schöpfer-Selbst in Ihrem Leben, Ihrem Körper und Ihrem Bewusstseinsfokus. In dieser Zeit des Übergangs und der Transformation kann sich das innere Selbst durch eine zunehmende Bewusstseinserweiterung des begrenzten Ich entfalten. Auf diese Weise wird das größere Potenzial eines Menschen aktiviert. Alte begrenzende Muster können sich auflösen, eine innere Freiheit und Freude wird spürbar. Dass Sie in Kontakt mit Ihrem inneren Selbst sind, erkennen Sie daran, dass Sie einen tiefen inneren Frieden, eine innere Kraft, Zuversicht und Selbstwertgefühl fühlen. Das sind essenzielle Qualitäten Ihres inneren Selbst. Je mehr Sie Ihr Bewusstsein erweitern, desto mehr werden Sie diese Qualitäten erfahren können.

Der von mir entwickelte Prozess *Schöpfer-Transformation* erweitert unser Bewusstsein und unser Energiefeld. Das führt zu einer weiteren Beschleunigung des globalen Umwandlungsprozesses, der bereits begonnen hat. Durch dieses immer stärker werdende Energiefeld, das Sie ausstrahlen, berühren Sie andere Menschen, was bei ihnen beschleunigte Transformationsprozesse auslösen kann. Wie ich oben beschrieben habe, verstärken sich Trancezustände, wenn viele Menschen daran teilhaben. So ist es auch in umgekehrter Weise: Wenn viele Menschen erwachen, wird dieser Prozess ebenfalls verstärkt.

Typische Erfahrungen in Phase 4:

- Ihre Kreativität wird größer und Ihr eigenes Potenzial entfaltet sich.
- Durch Ihr Aufwachen aus der Anpassungstrance bilden die Normen und Werte der Gesellschaft nicht mehr Ihre Hauptorientierungspunkte. Sie schauen nach innen und suchen dort nach Antworten.

- Sie erleben erstmals die essenziellen Qualitäten Ihres inneren Selbst. Sie fühlen inneren Frieden, eine innere Kraft, Zuversicht und ein vermehrtes Selbstwertgefühl sowie Liebe für sich selbst und andere.
- Der Wunsch nach Kooperation und einer gemeinsamen Entwicklung zusammen mit anderen Menschen tritt verstärkt auf. Sie denken vermehrt an alle Wesen, was bedeutet, dass das Gefühl der Trennung immer mehr dem Gefühl der Verbundenheit weicht.

Zusammenfassung

1. Nur durch das Erkennen und durch eine tief greifende Veränderung alter Muster kommt man wirklich aus einer Krise heraus. Mit dem Prozess *Schöpfer-Transformation* kann gezielt an Mustern gearbeitet werden, wobei essenzielle Qualitäten ihre Entfaltung finden. Auf diese Weise entwickeln Sie sich in die vierte Phase der Bewusstseinsentwicklung hinein und nutzen die Krise als Chance.
2. Je mehr sich das Bewusstsein im Verlauf des Kontinuums der Phase 4 erweitert, desto mehr kommt es zu einem Erwachen aus der Trennungstrance. Auf diese Weise kann sich eine Art Urvertrauen in das Leben und in andere Menschen entwickeln.
3. Wir befinden uns in einer Übergangszeit, in der der Prozess des Erfahrungssammelns durch das umfassende Bewusstsein weitgehend ausgeschöpft ist. Begrenzende Muster werden leichter transformiert. Sie können zu dem ganzen Potenzial und der Größe erwachen, die schon immer in Ihnen steckte.

Impulse

1. Sind Sie schon einmal erfolgreich durch eine Krise gegangen? Wie haben Sie es geschafft, die Herausforderungen zu bewältigen?
2. Haben sich einige Ihrer Gefühle, Gedanken und alten Muster durch diese Krise verändert?

5 | Das große Ganze: Entdecken Sie sich als Teil eines größeren, sich entwickelnden Bewusstseins

In der fünften Phase der menschlichen Bewusstseinsentwicklung sind Sie Teil einer Bewegung, die in vollem Gange ist. Globales Bewusstsein in dieser Welt ist ein Ausdruck des uns alle innewohnenden, umfassenden Bewusstseins. Es zeigt sich im einzigartigen, inneren Selbst jedes einzelnen Menschen und hilft uns jetzt beim Erwachen auf einer globalen Ebene. Dies ist ein Prozess, der sich in den Dimensionen von Zeit und Raum spürbar entfaltet und transformierende Energien freisetzt.

Der Stress und die Anspannung, die durch die Begrenzung des menschlichen Bewusstseins in uns entstanden sind, werden sich in einer Art Übergangsphase durch diese Transformationsenergie sogar noch verstärken. Denn alte begrenzende Muster können immer schwerer verdrängt werden, sodass Menschen, die an ihren Begrenzungen festhalten, immer angespannter werden. Früher war es uns oft möglich, jahrzehntelang in der ersten Phase der Bewusstseinsentwicklung und damit in der eigenen Komfortzone zu bleiben. Beziehungen, die schon lange nicht mehr wirklich lebendig und glücklich waren, wurden fortgesetzt, weil die eigenen Kontrollinstanzen unangenehme Gefühle immer wieder verdrängen konnten. Das Gleiche gilt für andere Lebensumstände, zum Beispiel für langjährige Arbeitsverhältnisse, in denen Menschen sich überfordert oder unglücklich fühlten und trotzdem die Stelle nicht wechselten. Durch bestimmte Strategien gelang es immer wieder, in der Komfortzone zu bleiben oder in sie zurückzukehren. Das ist in der Transformationszeit, in der wir uns befinden, immer weniger möglich. Ich beobachte vermehrt, dass langjährige Beziehungen zerbrechen oder Menschen sich aus ihren bisherigen, unbefriedigenden Arbeitsverhältnissen lösen. Durch den Prozess *Schöpfer-Transformation* ist es möglich, die Erfahrung viel schneller und umfassender zu vervollständigen, sie also mitsamt aller zugehörigen Gefühle in ganzer Tiefe zu erleben und erfahren, als durch ein ständiges Wiederholen der Muster. Solange eine Erfahrung nicht vervollständigt wird, wiederholt sich das

Muster in den unterschiedlichsten Lebenssituationen. Wie ein Magnet zieht ein Mensch die entsprechenden Menschen und Situation an, wodurch das Muster aktiviert wird und entsprechende Erfahrungen gesammelt werden. Das Leben präsentiert uns ständig alle Erfahrungen zu den Mustern, deren Transformation und Vervollständigung wir uns auf seelischer Ebene vorgenommen haben. Früher dauerte es tatsächlich sehr lange, bis ein Muster vervollständigt war, heute ist das viel schneller möglich. Sowohl die Transformationsenergie des umfassenden Bewusstseins als auch der Prozess *Schöpfer-Transformation* erleichtert und beschleunigt diesen Prozess.

Durch ihre Arbeit mit dem Prozess *Schöpfer-Transformation* sind auch Elke, Anja und Michael mittlerweile in die Phase 5 der menschlichen Bewusstseinsentwicklung eingetreten.

Elke hat sich mittlerweile entschlossen, früher als geplant in Rente zu gehen, und zwar zur gleichen Zeit wie ihr Mann. Außer zu reisen und ihre freie Zeit zu genießen, möchte sie ehrenamtlich in einem Dritte-Welt-Laden arbeiten, aber nur stundenweise, um sich nicht zu überfordern. Mit ihrem Mann hat sie eine neue Ebene des gegenseitigen Verständnisses gefunden. Auch er hat nach einer sehr stressigen Phase zum Ende seiner Berufslaufbahn hin die Gelegenheit ergriffen, um in meine therapeutische Praxis zu kommen. Er hat ebenfalls begonnen, mit dem Prozess *Schöpfer-Transformation* an seinen alten Mustern zu arbeiten, und zwar vor allem an seinem Muster, nach Leistung und Anerkennung im Beruf zu streben. Er hat inzwischen erkannt, dass ein tief liegendes Selbstwertproblem der Grund für dieses ehrgeizige Streben ist, und konnte schon einiges von diesem Muster transformieren. Jetzt fühlt er sich entspannter und ausgeglichener und möchte die Freizeit und den Ruhestand mit Elke genießen. Auch das familiäre Miteinander mit den Kindern hat sich positiv verändert. Man sieht sich regelmäßig und kann offen über eigene Wünsche und Bedürfnisse sprechen.

Anja ist inzwischen mit ihrem Freund zusammengezogen. Ihre Angst vor Nähe ist einer Neugier auf die weitere gemeinsame Entwicklung gewichen. Ihre Arbeit ist mittlerweile wirklich nur Arbeit und Anja hat nicht mehr den

Drang, weiter an ihrer Karriere zu feilen. Sie ist sensibel geworden für ihre eigenen Bedürfnisse und Grenzen. Diese Grenzen zeigen sich auch immer wieder innerhalb der Beziehung, doch hat sie gelernt, offen über ihre Gefühle und Bedürfnisse zu sprechen. Wenn sie den Eindruck hat, dass sie mit einem Thema im Gespräch nicht weiterkommt, nutzt sie weiterhin den Prozess, um das zugrunde liegende alte Muster zu transformieren. Insgesamt lebt sie mittlerweile in einer erfüllenden Partnerschaft.

Michael hat sich eine längere Zeit freigenommen und ist mit seinem Sohn in den Sommerferien nach Schweden gefahren, um dort in der Wildnis zu zelten und zu paddeln. Er fühlt sich im Urlaub ganz lebendig im Hier und Jetzt, erlebt die Natur, seinen Körper und auch die Beziehung zu seinem Sohn völlig anders als zuvor. Der ganze Stress und Druck ist von ihm abgefallen. Was früher war, kommt ihm nahezu wie ein anderes Leben vor. Doch Michael weiß, dass er die Vergangenheit hauptsächlich in einem Trancezustand verbracht hat. Nun gelingt es ihm mehr und mehr, alle Gefühle anzunehmen, die gerade in ihm auftauchen. Dann spürt er einen inneren Frieden und ist im Einklang mit sich selbst. Mithilfe des Prozesses arbeitet Michael weiter an seinen Mustern. Er spürt das tiefe Vertrauen in sich, dass er an etwas sehr Umfassendes angeschlossen ist, das ihn unterstützt. Zugleich macht es ihn glücklich, dass er seine Berufung als freier Tischler leben kann.

Denken wir an Elke, Anja und Michael in Phase 1 und 2 zurück, so hat sich ihr Leben grundlegend geändert. Sie haben ihr Potenzial entfaltet und ihr Leben entsprechend der eigenen Wünsche neu erschaffen.

Durch die zunehmende Erweiterung des Bewusstseins in dieser Phase kommt es zu Verbesserungen der Lebenssituation. Diejenigen, die den Prozess *Schöpfer-Transformation* angewendet haben, stellen folgende Verbesserungen und Harmonisierungen in ihrem Leben fest:

- Ihr allgemeiner Gesundheitszustand verbessert sich deutlich. Dies zeigt sich in einem besseren Schlaf, in mehr Energie und innerer Ausgeglichenheit. Krankheitssymptome, besonders psychosomatischer Art, lösen sich, aufgrund der Unterstützung der Selbstheilungskräfte, immer mehr auf.

- Es findet ein Ausgleich im emotionalen Bereich statt. Innere Unruhe kann einem tiefen Gefühl von Frieden weichen, ein Gefühl der Erschöpfung oder inneren Leere einem Energiezuwachs. Traurigkeit verwandelt sich in Lebensfreude, Angst in Lebensmut und Lebendigkeit.
- Beziehungen mit anderen Menschen verbessern sich. Da keine alten Muster mehr zu Projektionen und Verurteilungen anderer Menschen führen, ist eine ganz neue Form von Offenheit und Verbundenheit möglich. Die Liebe zu sich selbst öffnet das Tor, vermehrt Liebe für andere Menschen zu empfinden und von diesen Liebe zu empfangen.
- Die eigene Individualität entwickelt sich. Die Orientierung an den Normen und Werten anderer Menschen wird ersetzt durch den Zugang zur eigenen inneren Weisheit und Intuition. Die eigene Kreativität wird enorm verstärkt. So können einzigartige, neue Ideen Eingang in die Welt finden.
- Immer leichter und schneller kommen Kontakte zu Menschen zustande, die zum eigenen Erfahrungsteam, zur eigenen Seelengruppe gehören. Dadurch wird es immer leichter möglich, sowohl auf der inneren als auch auf der äußeren Ebene zusammenzuarbeiten und einen transformativen, tief greifenden Einfluss auf die Welt zu nehmen.
- Nicht zuletzt finden Sie mit dem Prozess *Schöpfer-Transformation* den Zugang zu Ihren unbegrenzten Ressourcen. Ihre eigenen Wünsche und Träume können sich viel leichter und schneller erfüllen als je zuvor.

Wie könnte unsere Welt aussehen, wenn sich immer mehr Menschen in der vierten oder auch fünften Phase der Bewusstseinsentwicklung befänden? Für mich steht fest, dass sich die Welt, wie wir sie heute kennen, dann grundlegend verändern würde. Je mehr erwachte Menschen es gibt, desto größer ist die Dynamik, dass auch andere Menschen erwachen. Das bedeutet, dass das persönliche Erwachen eines Menschen eine große Auswirkung auf alle Menschen hat, unabhängig davon, ob er ein wichtiger Entscheidungsträger in der Politik oder Wirtschaft ist oder nicht. Soziale Ungerechtigkeiten, Kriege, Gewalt, Verbrechen und die ungleiche Verteilung der Ressourcen in der Welt würden schrittweise aufgehoben werden. Und zwar nicht, weil Menschen vom Intellekt her erkennen, dass dies gerechter und fairer wäre, sondern aus einem tiefen Gefühl der Verbundenheit heraus, das erwachte Menschen in sich tragen. Auch heute gibt es bereits Bewegungen, die Armut und Ungerechtigkeit in der Welt bekämpfen wollen, es existieren unzählige Hilfsorganisationen. Sie können allerdings nicht so koordiniert und effektiv funktionieren, wie unter der Mitarbeit und Leitung von erwachten Menschen. Die alten Muster derer, die noch nicht erwacht sind, verhindern, dass Hilfsmaßnahmen eine langfristig durchschlagende Wirkung haben. Wenn Menschen aus den ersten drei Bewusstseinsphasen Hilfsgelder betreuen und sich in Hilfsorganisationen engagieren, läuft vieles nicht so reibungslos und effektiv, wie es sein könnte. Es liegt nicht an mangelndem Idealismus oder Willen dieser Menschen, sondern an der Begrenztheit ihres Bewusstseins aufgrund ihrer alten Muster. Es ist sozusagen immer schon eine Art „Bremse“ eingebaut, die dem begrenzten Ich und Vorstellungsvermögen der Beteiligten geschuldet ist.

Das Gleiche gilt für Entscheidungsträger in Politik und Wirtschaft. Menschen sind in dieser Hinsicht vergleichbar mit den Neuronen eines menschlichen Gehirns: Je vernetzter die Nervenzellen sind, desto schneller können Informationen auf koordinierter Art und Weise ausgetauscht werden. Dadurch ist ein schnelleres und kreativeres Denken möglich. Je mehr sich unser Bewusstsein erweitert, desto mehr werden wir uns unserer Verbundenheit mit dem umfassenden Bewusstsein bewusst und desto schneller und effektiver können wir Veränderungen in der Welt bewirken.

Unsere Umwelt und die Erde selbst sind in dieser Übergangsphase, in der wir uns befinden, stark gefährdet. Unzählige Pflanzen- und Tierarten sind bereits ausgestorben. Menschen werden krank und sterben, etwa, weil sich die Qualität der Luft, des Wassers und der Nahrung verschlechtert hat. Ohne eine umfassende Bewusstseinsveränderung aller Menschen ist unser Planet und alles Leben darauf auf längere Sicht dem Untergang geweiht. Alle bisherigen Strategien unserer Lebensweise funktionieren auf globaler Ebene nicht mehr. Das umfassende Bewusstsein weiß mit seiner ultimativen Intelligenz um die Dringlichkeit einer fundamentalen Veränderung und unterstützt uns mit seiner transformativen Kraft beim Aufwachen in unser ureigenes Potenzial. Durch die Schritte, die Sie und viele andere

Menschen in dieser bewegenden Zeit tun, ermöglichen Sie den Übergang in ein neues und erfülltes Zeitalter.

Liebe zum Leben und eine tiefe Akzeptanz von allem, was ist, kennzeichnet erwachte Menschen aus. Das bedeutet nicht, dass Menschen in Phase 5 der Bewusstseinsentwicklung alles hinnehmen, was um sie herum geschieht. Im Gegenteil: Aufgrund ihres Mitgefühls sehen und fühlen sie Ungerechtigkeiten und Leid ganz besonders intensiv. Sie setzen sich für andere Menschen ein, sowohl im konkreten Alltag als auch in einem größeren Maßstab. Allerdings gehen sie notwendige Veränderungen nicht mit Wut über die Ungerechtigkeit und mit (oft pauschalen) Anklagen an. Vielmehr bewirken sie aus ihrer inneren Weisheit und dem Gefühl der Verbundenheit heraus Veränderungen. Erwachte Menschen sind bestrebt, sich mit anderen Menschen mit erweitertem Bewusstsein zu verbinden und gemeinsam Pläne zu entwickeln, um Verbesserungen in der Welt zu erreichen. Das ist wesentlich effektiver, als dies alleine zu tun.

Diesmal ist es jedoch kein Ansatz, der als Missionierung oder klassische Weltverbesserung beschrieben werden könnte, wie es in den ersten Phasen der Bewusstseinsentwicklung oft der Fall ist. Nun geht es vor allen Dingen um eine Veränderung des Bewusstseins, um das Aufwecken anderer Menschen. Denn dann können unter anderem auch materielle und immaterielle Hilfsmaßnahmen viel gewinnbringender als bisher in bedürftige Länder und Regionen fließen. Was aber am wichtigsten ist: Die Veränderung des Bewusstseins in der Welt bewirkt ein jeder vor allem durch seine eigene Veränderung. Alle persönlichen Schritte der Bewusstseinserweiterung werden ohne Verzögerung mit allen Menschen geteilt. Dies alleine ist schon ein großartiger Beitrag für die anstehenden globalen Veränderungen. Alle weiteren Schritte, die Sie gehen, ergeben sich dann wie von selbst durch die Führung und Inspiration, die Sie von Ihrem inneren Selbst erhalten.

Ich bin davon überzeugt, dass durch die starken Transformationsenergien mehr und mehr Menschen aus ihrer Komfortzone geholt werden. Selbst in wohlhabenden Ländern wird es für Menschen immer schwieriger, alte Gefühle und Muster zu verdrängen oder durch Süchte und andere Verhaltensweisen zu kontrollieren. Menschen kommen schneller in Phase 2 und 3, sie erwachen aus ihren Alltagstrancen. Die allgemeine Unzufriedenheit nimmt zu und ist bei vielen Menschen spürbar. Alte, nicht mehr stimmige Strukturen lösen sich auf, sowohl im privaten und persönlichen Bereich als auch in einem globalen Rahmen. Als Psychotherapeut sehe ich die zunehmenden Krisenzustände, aber auch die tief greifenden Veränderungen in einzelnen Menschen tagtäglich. Das macht Mut. Denn nur eine persönliche und zugleich globale Bewusstseinserweiterung kann den Umschwung in ein neues Zeitalter der Fülle und Koevolution einläuten. Und genau dies geschieht bereits. Immer mehr Menschen stellen ihre alten Strategien infrage und suchen nach einem tieferen Sinn. Effektive Werkzeuge wie der Prozess *Schöpfer-Transformation* können Menschen dabei unterstützen, aus ihrer Unzufriedenheit oder ihrer Krise herauszukommen. Ich erlebe immer mehr Menschen, die ihre Krise bewältigt haben und über die Phase 4 der Bewusstseinsentwicklung auf die Phase 5 zugehen. Nachdem ich nun schon mehr als 25 Jahre mit Menschen arbeite, bin ich immer von Neuem erstaunt, wie viel schneller heute, in dieser Übergangszeit der Transformation, tief greifende Veränderungen in Menschen geschehen. Auch der Prozess *Schöpfer-Transformation* hat heute eine noch viel schnellere und umfassendere Wirkung als noch vor einigen Jahren. Das liegt, wie gesagt, an dem Schneeballeffekt, den Menschen durch ihre Arbeit an sich selbst in anderen Menschen auslösen. Wir leben in einer Art holografischem Feld der Information und des Bewusstseins (s. Kapitel 8). Dies führt dazu, dass die Bewusstseinsveränderung Einzelner immer schneller ein globales Erwachen anstößt. Deshalb sehe ich unsere Zukunft optimistisch: Wir leben dann in einer Welt, die sich selbst geheilt hat. Vorhandene Ressourcen werden aufgeteilt, es gibt keine Menschen mehr, die an Hunger sterben müssen. Jeder Mensch auf der Welt erhält die nahezu gleichen Chancen auf Bildung und Entfaltung seiner ihm innewohnenden Möglichkeiten und Talente. Das in allen Menschen erwachte Bewusstsein erkennt sich selbst in uns Menschen und genießt jeden Augenblick davon. Wenn ich mich mit der erweiterten Sichtweise meines Schöpfer-Selbst verbinde, sehe ich, dass diese wunderschöne Realität bereits existiert. Wir alle leben in diesem Feld der unbegrenzten Möglichkeiten. Was davon für uns real wird, bestimmen wir.

Typische Erfahrungen in Phase 5:

- Sie erleben immer häufiger einen Flow und spüren ein Glücksgefühl ohne ersichtlichen Grund. Das Gefühl der Liebe und Verbundenheit gehört zu Ihrem Alltag.
- Ihr Leben geschieht hauptsächlich aus Ihrer Verbundenheit mit dem inneren Selbst. Ihr Zugang zu Ihrem eigenen Potenzial ist weit geöffnet, viele bisher versteckte Talente und Fähigkeiten können Sie verwirklichen.
- Sie durchschauen die Trennung von anderen Menschen als Illusion. Sie empfinden Mitgefühl mit anderen Wesen, egal ob Mensch, Tier oder Pflanze. Sie haben den Wunsch, Leiden zu beenden und anderen in diesem Zeitalter der Transformation beizustehen.
- Durch die zunehmende Verkörperung der essenziellen Qualitäten Ihres inneren Selbst entsteht in Ihnen die Kraft, andere Menschen in deren Prozess des Erwachens anzustoßen und dabei zu unterstützen.

Zusammenfassung

1. In der fünften Phase der Bewusstseinsentwicklung werden Sie von den transformativen Energien des umfassenden Bewusstseins berührt. Dadurch können Sie immer öfter einen evolutionären Impuls spüren, sich dem hinzugeben, was Sie wirklich ausmacht: Dem einzigartigen inneren Selbst. Auf diese Weise können Sie sich an Ihr bisher schlafendes Potenzial anschließen und Ihre unvergleichlichen Fähigkeiten entfalten.
2. Das Leben präsentiert Ihnen unaufhörlich alle Erfahrungen zu Ihren Mustern. Dies endet erst, wenn die entsprechende Erfahrung vervollständigt und das dazugehörige Muster transformiert wurde. Durch Schöpfer-Transformation wird dieser Prozess beschleunigt.
3. Durch die Transformation Ihrer Muster werden neue, kreative Energien in Ihnen freigesetzt. Dadurch verbessert sich Ihre allgemeinen Gesundheit, Ihr vegetatives Nervensystem wird ausgeglichen und sie spüren einen enormen Energiezuwachs. Selbstliebe, Freude und Glücksgefühle ohne besonderen Grund gehören immer mehr zu Ihrem Alltag. Sie können sich kreativ ein erfülltes und für Sie passendes Leben erschaffen. Die Vision hierfür erhalten Sie aus Ihrer inneren Weisheit und Intuition.

4. Durch die Schritte, die Sie und viele andere Menschen in dieser bewegten Zeit tun, ermöglichen Sie den Übergang in ein neues, erfülltes Zeitalter.

Impulse

1. Fühlen Sie sich als Teil eines größeren Bewusstseins und einer globalen Entwicklung? Schreiben Sie auf, welche Erfahrungen Sie bisher hierzu gemacht haben.
2. Spüren Sie den starken Wunsch, Ihr ganzes Potenzial zu entfalten? Schreiben Sie konkret auf, was Sie sich wünschen und beschreiben Sie detailliert, wie sich Ihr Leben dadurch verändern würde.

Nach unserer Reise durch die fünf Phasen der Bewusstseinsentwicklung haben Sie sich sicher in einer oder mehreren dieser Phasen wiedergefunden. Es ist häufig so, dass es einen Wechsel zwischen den ersten drei Phasen gibt. Wenn jedoch eine Krise als Chance gesehen wird und tief greifende Veränderungen geschehen, kann eine Weiterentwicklung zur vierten und fünften Phase stattfinden. Wenn Sie sich einmal Ihrem inneren Selbst gegenüber öffnen konnten, werden Sie sich nicht so leicht wieder in eine der ersten drei Phasen begeben. Mit dem machtvollen Instrument *Schöpfer-Transformation* haben Sie die Möglichkeit, in jeder der fünf Phasen weiterzukommen und alte Muster zu transformieren. Es wird Ihnen insbesondere dabei helfen, immer mehr in der fünften Phase Fuß zu fassen.

Menschen, die sich in der fünften Phase befinden, können als erwacht bezeichnet werden. Wer erwacht ist, befindet sich ohne Anstrengung immer häufiger im Hier und Jetzt. Er ist weder abgehoben noch weit weg von dieser Welt. Im Gegenteil: Er ist weitaus präsenter als noch nicht erwachte Menschen. Er ist nicht völlig frei von alten Mustern oder Trancezuständen, aber er hat erfahren, wie es ist, wach zu sein, ganz hier und verbunden zu sein mit dem inneren, erweiterten Selbst. Diese Erfahrung wird dieser Mensch niemals vergessen, und sie ermöglicht ihm auch, immer wieder und auf leichte Weise dorthin zu gelangen. Bei mir war und ist es so. Nach meinem Erlebnis des Erwachens habe ich nie wieder den bewussten Zugang zu meinem inneren Selbst verloren. Wann immer in mir alte

Muster aktiviert wurden, habe ich den Prozess *Schöpfer-Transformation* selbst angewendet und mich erneut mit dem umfassenden, inneren Selbst verbunden.

Immer mehr Menschen wachen in der heutigen Zeit auf und kommen in die vierte und fünfte Phase. Auch Michael, Anja und Elke, die wir durch die fünf Phasen ihrer Bewusstseinsentwicklung begleitet haben, leben immer mehr im Hier und Jetzt und entfalten ihr ureigenes Potenzial. Selbst wenn bei ihnen ab und zu alte Muster abermals zum Vorschein kommen, können sie mithilfe des Prozesses *Schöpfer-Transformation* wieder ins Hier und Jetzt gelangen und die alten Muster transformieren. Spontane Glücksgefühle, Spontaneität und unerwartet schöne Erlebnisse im ganz normalen Alltag sind der Lohn für alle Schritte, die die drei gegangen sind. Auch ich selbst bin unglaublich dankbar dafür, dass ich diesen Prozess entdecken durfte und ihn sowohl für mich selbst als auch für viele andere Menschen auf effektive Weise einsetzen darf.

Zweiter Teil

Von der Begrenzung in ein erfülltes Leben

Nachdem wir uns im ersten Teil ausführlich die einzelnen Phasen der Bewusstseinsentwicklung angeschaut haben, entdecken wir nun im zweiten Teil die faszinierenden Elemente, die uns als Menschen ausmachen. Sie sind zugleich die Grundlage, auf der der Prozess *Schöpfer-Transformation* arbeitet. Ich möchte Sie dazu einladen, tief einzutauchen in das Wunder, das Sie sind. In Kapitel 6 erfahren Sie mehr über Ihr begrenztes Ich, mit dem Sie wie durch eine Art Filter die Wirklichkeit erfahren. Sie lernen Ihre inneren Anteile wie das Kontroll-Ich, den Perfektionisten, den Antreiber, den inneren Kritiker oder das innere Kind kennen. In Kapitel 7 gehen Sie auf eine Entdeckungsreise zu den aufregenden Wechselwirkungen zwischen Körper, Gedanken, Emotionen sowie dem Kopfgehirn und dem Herz- und Bauchgehirn. Kapitel 8 spannt einen Bogen von dieser Welt bis hin zu den Ursprüngen, aus denen heraus alles entstanden ist. In Kapitel 9 erfahren Sie, welche großartigen Veränderungen Sie von der persönlichen Transformation Ihres begrenzten Ich zum kreativen und kraftvollen Schöpfer-Selbst erwarten können. In Kapitel 10 erläutere ich die Grundlagen und Besonderheiten jedes einzelnen der fünf Schritte des Prozesses *Schöpfer-Transformation* mit praktischen Anregungen als Vorbereitung auf den dritten Teil des Buches, die praktische Anwendung des Prozesses.

6 | Filter für die Wahrnehmung der Realität: Das begrenzte Ich

Es gibt nicht nur ein einziges Ich, aus dem heraus alles erlebt wird, sondern eine Vielzahl innerer Anteile, die Bestandteil der eigenen Psyche sind. Von dem Vorhandensein innerer Anteile in der Psyche jedes Menschen gehen viele psychotherapeutische Ansätze mittlerweile aus.[11] Bei der psychotherapeutischen Behandlung von traumatischen Erlebnissen, Ängsten, Depressionen und jeder anderen Art von psychischer Beeinträchtigung wurde und wird die Arbeit mit inneren Anteilen, etwa dem Kontroll-Ich oder dem inneren Kind, äußerst erfolgreich eingesetzt. Die Arbeit mit inneren Anteilen ist jedoch nicht auf die Psychotherapie beschränkt, sondern findet sich etwa auch bei der klassischen Arbeit mit dem inneren Kind wieder.

Dass es mehrere Teile in uns gibt, ist schon erkennbar, wenn wir einen inneren Konflikt haben und uns für eine Sache nicht oder nur schwer entscheiden können. Wenn es nur ein Ich gäbe, gäbe es diesen Konflikt nicht. Also muss es zumindest einen Teil geben, der sich dafür entscheiden möchte und einen anderen, der dagegen ist.

Man kann drei Kategorien von inneren Anteilen unterscheiden:

1. **Die unerwünschten Anteile**: Teile, die verletzt wurden, und die starke, oft unangenehme Gefühle in sich tragen.
2. **Die erwünschten Anteile:** Teile mit Eigenschaften und Emotionen, die wir für wünschenswert und gut halten.
3. **Die Beschützeranteile:** Teile, die verhindern wollen, dass die verletzten Teile erneut verletzt werden. Außerdem sorgen die beschützenden Anteile dafür, dass wir die Gefühle der verletzten Teile nicht oder nur wenig spüren. Als positiv bewertete Teile und deren Gefühle werden dagegen zugelassen und sogar gefördert.

Zu den **unerwünschten Anteilen** gehören vor allem alle inneren, verletzten Kindanteile. Das sind die Teile in Ihnen, die sich in verschiedenen Phasen Ihrer Kindheit herausgebildet haben und noch heute einen starken

Einfluss auf Sie haben. Zum Beispiel kann dies das ängstliche Kind sein, das unter einem strengen Vater zu leiden hatte. Ein anderer Kindanteil kann das wütende Kind sein, das früher immer dann auftauchte, wenn auf wichtige Bedürfnisse nicht eingegangen wurde. Es kann auch einen Kindanteil geben, der schmerzliche Erlebnisse aus der Kindheit in sich trägt; etwa ein traumatisches Erlebnis oder eine ständige Vernachlässigung durch die Eltern. Sie können sich vorstellen, dass alle möglichen Emotionen zu bestimmten Kindanteilen gehören und von diesen getragen werden. Die verletzten Kindanteile mit unangenehmen Gefühlen wie Angst oder Traurigkeit werden von den Beschützeranteilen aus dem bewussten Ich verdrängt, damit diese Gefühle nicht wahrgenommen werden müssen und das normale Funktionieren im Alltag nicht gefährdet ist. Je traumatischer und schmerzvoller dieser verletzte Kindanteil geprägt ist, desto tiefer gehend werden die von ihm getragenen Gefühle verdrängt.

Es gibt aber auch das freudvolle Kind, das unter Umständen ebenfalls verdrängt wurde. Ein Grund hierfür könnte sein, dass die Eltern ihre Ruhe haben wollten und sich von dem fröhlichen und sehr lebendigen Kind gestört fühlten. Entsprechend haben die Kontrollmechanismen des Kindes auch diesen Teil verdrängt; er spielt im späteren Leben kaum noch eine Rolle.

Verletzte Anteile entstehen nicht nur in der Kindheit. Während der Jugendzeit können ebenfalls verletzte Anteile entstehen. Gerade in der sensiblen Zeit der Pubertät kann es häufig zu Verunsicherungen oder Verletzungen kommen. Solch ein verletzter Anteil ist dann später gleichfalls Bestandteil der inneren Landschaft eines Menschen. Auch Erwachsene erfahren Verletzungen, beispielsweise durch Trennungen von einem Partner oder einer Partnerin, dieser verletzte Teil gehört dann gleichfalls zu ihnen.

Erwünschte Anteile umfassen alle Verhaltensweisen während der Kindheit und Jugend, die den Eltern und der Umgebung gefallen haben und die durch Lob und positive Reaktionen verstärkt wurden. Das kann ebenso das brave und angepasste Kind gewesen sein wie das lebendige und fröhliche Kind. Oder aber das kreative und begabte, etwa musikalische Kind oder das Kind, das fleißig ist und sehr gute Leistungen in der Schule erbringt. Ebenso können lebendige und spontane, aber auch rebellische oder aggressive

Anteile während der Jugendzeit entstanden sein, die noch heute einen Teil eines Ich ausmachen, weil sie zu dieser Zeit verstärkt wurden. Auch im Erwachsenenalter entstehen innere Anteile, die positiv bewertet werden. Das kann zum Beispiel der leistungsorientierte und erfolgsverwöhnte Teil sein, der im Beruf immer wieder bestärkt wird. Ebenso kann es ein Teil sein, der gut zuhören und auf andere Menschen eingehen kann.

Alle inneren Anteile, mit denen sich ein erwachsener Mensch identifiziert, werden Teil der **Ich-Identität.** Das heißt, dass die Merkmale und Eigenschaften dieser Anteile als Charakterzüge wahrgenommen werden. Wenn Sie sich mit Ihrem beruflichen Ich sehr stark identifizieren, dann wird er Teil Ihrer Persönlichkeit. Sie sagen dann zum Beispiel stolz: „Ich bin Lehrerin." Wenn Sie sehr viel Wert auf Ordnung legen und dies ein besonderer Aspekt Ihres Kontroll-Ich ist, dann sagen Sie von sich: „Ich bin ein ordentlicher Mensch." Das Gleiche gilt für bestimmte Eigenschaften wie freundlich, fleißig oder kreativ, die Sie für gut und erstrebenswert halten und mit denen Sie sich dann identifizieren. Aber auch wenn für Sie unerwünschte Teile und Eigenschaften immer wieder zum Vorschein kommen und Ihr Kontroll-Ich dies nicht in den Griff bekommt, können diese Bestandteile Ihrer Ich-Identität werden. Das zeigt sich dann in Sätzen wie: „Ich bin unpünktlich, unsicher, untalentiert oder krank." Eine Ich-Identität entsteht also durch häufiges und gewohnheitsmäßiges Auftauchen von inneren Anteilen und deren Eigenschaften und Mustern in unserem bewussten Wahrnehmungsfeld.

Kontroll- und Beschützeranteile, die dafür sorgen, dass wir mit unserer Umgebung und vor allem mit unseren Eltern zurechtkommen, entstehen schon in der frühen Kindheit. Wenn Eltern ihrem Kind gegenüber ihre Missbilligung äußern oder es bestrafen, wenn es bestimmte Verhaltensweisen oder Gefühle zeigt, lernt das Kind diese Verhaltensweisen und Gefühle zu unterdrücken: Die ersten Schutzmechanismen und Beschützeranteile entstehen. Im Verlaufe seines Lebens lernt ein Mensch immer mehr, welche Gefühle und Verhaltensweisen er zeigen kann und soll und welche nicht. Seine Beschützeranteile werden mit der Zeit immer effektiver, die Strategien ausgefeilter. Folgende sieben unterschiedlichen Beschützeranteile spielen im Leben eines Erwachsenen häufig eine besondere Rolle:

1. **Das Kontroll-Ich:** Dieser innere Teil hat gelernt, auf die unterschiedlichsten Situationen flexibel und angepasst zu reagieren. Er navigiert uns sozusagen durch den Alltag und hilft uns dabei, uns in sozialen Situationen angemessen zu verhalten. Er ist auch daran beteiligt, unerwünschte innere Anteile und Gefühle zu ignorieren und erwünschte Anteile weiterzuentwickeln und zu stärken.
2. **Der Perfektionist:** Dieser innere Teil beinhaltet Wertvorstellungen und Ziele, die es zu erreichen gilt. Vieles davon wurde bereits in der Kindheit von den Eltern oder in der Schule erlernt oder entwickelte sich im Verlauf der Ausbildung, des Studiums und des Berufslebens. Der Perfektionist erzeugt einen hohen Leistungsanspruch an uns und andere Menschen.
3. **Der innere Antreiber:** Dieser Teil setzt alles daran, die hohen Maßstäbe des Perfektionisten zu erfüllen und in die Tat umzusetzen. Er kann sehr anstrengend sein und uns andauernd auf Trab halten. Er kennt keine Pausen, bis die gesetzten Ziele erreicht sind.
4. **Der innere Kritiker (oder innere Richter):** Dieser innere Anteil meldet sich immer dann, wenn wir trotz der Bemühungen unseres inneren Antreibers die hochgesteckten Ziele und Ansprüche unseres Perfektionisten nicht erreicht haben. Zu ihm gehören Sätzen wie: „Das hättest du besser machen können, streng dich mehr an!" Der innere Kritiker kann sich auch durch ständiges Grübeln bemerkbar machen und schaltet selten ab. Er hindert uns daran, innerlich zur Ruhe zu kommen, und kann Schlafstörungen verursachen. Er ist aber auch sehr gut darin, andere Menschen zu kritisieren, die den eigenen Vorstellungen nicht entsprechen und meldet sich mit Sätzen wie: „So ein Idiot! Hätte der besser eingeparkt, dann hätte ich auch noch einen Parkplatz gefunden!" zu Wort.
   Der innere Kritiker arbeitet mit Abwehrmechanismen wie der Projektion. Das heißt, wir übertragen das, was wir selbst nicht sein wollen, auf andere Menschen. Wenn wir uns selbst für tolerant und hilfsbereit halten und intolerante, selbstsüchtige Anteile verdrängen, projizieren wir diese auf andere Menschen. Dann ist eben der andere egoistisch und denkt nur an sich. Der innere Kritiker hat ein ganzes Arsenal solcher Bewertungen in sich gespeichert, die er bei Bedarf abruft.

5. **Der innere Täter** entsteht als innerer Anteil, wenn wir Situationen erleben, die von Hilflosigkeit und schmerzhaften Gefühlen geprägt sind. Vielleicht hat uns ein anderer Mensch schlecht behandelt und wir fühlten uns dabei hilflos und konnten uns nicht wehren. Dann ist es möglich, dass der reale Täter einen bleibenden Eindruck bei uns hinterlassen hat und wir einen Anteil erschaffen haben, der diesen äußeren Täter repräsentiert. Bei Bedarf kann dieser innere Täter aktiv werden, etwa, wenn wir uns heutzutage ungerecht behandelt fühlen. Dann „schießt" er mithilfe des inneren Kritikers gegen andere Menschen und „zeigt es ihnen richtig". Aber er kann sich auch gegen uns selbst richten. Wenn der innere Kritiker ganz und gar unzufrieden mit uns ist, kann der innere Täter uns selbst so schlecht behandeln, dass wir in ein emotionales Tief geraten.
6. **Das innere Opfer** kann als innerer Anteil ebenfalls in der Vergangenheit entstanden sein, wenn wir uns hilflos gefühlt und emotionalen Schmerz erlitten haben. Diesmal haben wir jedoch keinen Anteil erschaffen, der den realen Täter repräsentiert, sondern es ist bei der Hilflosigkeit und dem Gefühl des Ausgeliefertseins geblieben. Zu ihm gehören Sätze wie: „Ich kann einfach nichts machen, ich habe keine Chance!" Dieser innere Teil kann nicht nur zu der oben beschriebenen Opfertrance führen. Vielmehr kann er auch zu einem machtvollen Instrument werden, das gegen andere Menschen eingesetzt wird. Wenn man selbst mit diesem Opferanteil identifiziert ist und die damit verbundenen Emotionen wie Hilflosigkeit ausstrahlt, kann sich ein Gegenüber schuldig und schlecht fühlen und sich in dem Zuge etwa bei Konflikten einlenken und anpassen.
7. **Die Notfallhelfer** werden aktiv, wenn alle Abwehr- und Kompensationsstrategien nicht greifen, um in der eigenen Komfortzone bleiben zu können. Sie sind für den Notfall zuständig und greifen dann rigoros ein. So sind sie beispielsweise Meister darin, verschiedenste Arten von Drogen einzusetzen, um die aufkommenden schmerzhaften Gefühle in den Griff zu bekommen.

Die inneren Anteile stehen mit den von mir im ersten Teil des Buches beschriebenen Trancezuständen und psychischen Mustern in enger Verbindung. Wenn ein Mensch auf die Welt kommt, existieren noch keine Abwehrmechanismen. Sie werden erst später, aufgrund bestimmter Erfahrungen, erworben. Alle essenziellen Qualitäten des Selbst sind bei der Geburt als Potenzial vorhanden. Nehmen wir an, dass die Eltern sich in Phase 4 oder 5 der Bewusstseinsentwicklung befinden und bereits viele ihrer eigenen Muster transformiert haben. Dann sind sie in der Lage, ihrem Kind die Bedingungen zu bieten, die es zur Entfaltung seiner Qualitäten in der Welt braucht. Ihre Herzen sind so offen, dass sie ihr Kind mit all seinen Bedürfnissen und Gefühlen wirklich fühlen können. Wenn das Kind zum Beispiel Angst hat, bekommt dieses Gefühl Raum und wird von den Eltern liebevoll wahrgenommen. Wenn Väter und Mütter sich so verhalten, bildet sich kein Kindanteil, der die Angst trägt, und somit auch kein diesbezügliches psychisches Muster. Wenn die Eltern sich hingegen in den ersten drei Phasen der Bewusstseinsentwicklung befinden und selbst noch sehr mit ihren psychischen Mustern und Beschützeranteilen beschäftigt sind, dann erhalten die Emotionen des Kindes nicht den notwendigen liebevollen Raum der Wahrnehmung. Infolgedessen bildet sich nach und nach ein Kindanteil heraus, der Gefühle wie Angst oder emotionalen Schmerz in sich trägt. Anschließend entstehen die Kontroll- und Beschützeranteile, die diese Gefühle aus dem Fokus der Wahrnehmung verbannen können. Auch die essenziellen Qualitäten, die das Kind mitbringt, können sich nicht in dem Maße entfalten wie bei einem Kind, dessen Eltern es mit all seinen Gefühlen offenen Herzens spüren und annehmen können.

Unerwünschte innere Kindanteile haben mit Erfahrungsinhalten zu tun, die ich psychische Muster nenne. Jeder Kindanteil ist mit einem Muster verknüpft, das bestimmte Glaubenssätze, Denk- und Verhaltensweisen umfasst. Bei einem ängstlichen Kind als innerer Anteil kann ein Glaubenssatz lauten: „Ich bin nicht sicher, ich muss mich unauffällig verhalten." Entsprechend unsicher und angepasst wird sich das Kind und später der Erwachsene in sozialen Situationen verhalten. Wenn dieser oft unbewusste ängstliche Kindanteil das bewusste Erleben beherrscht, entsteht ein

Trancezustand; das psychische Muster ist aktiviert. Solange es nicht aufgelöst ist, wird der Betroffene immer wieder Situationen anziehen, in denen dieses Muster ausagiert werden kann. Ein Beispiel: Wenn eine Frau bei ihrem Partner ein bestimmtes Muster auslöst, das mit Gefühlen von Wertlosigkeit verbunden ist, wird dieses Muster innerhalb der Partnerschaft immer wieder aktiviert. Selbst wenn der Mann sich von seiner Partnerin trennen sollte, wird das psychische Muster in einer neuen Beziehung erneut ausgelöst, denn es ist noch ungelöst bzw. nicht vervollständigt.

Wir haben gesehen, dass sich die meisten Menschen in einem begrenzten Bewusstseinszustand, einer Alltagstrance, befinden. Das heißt, dass oftmals innere Anteile und psychische Muster ihr Verhalten bestimmen. Den Bereich in Ihnen, in dem Ihnen etwas bewusst ist, nenne ich **Bewusstseinsfokus**. Wenn Sie in Ihrem Umfeld etwas wahrnehmen, zum Beispiel ein Gespräch zwischen anderen Menschen, findet diese Wahrnehmung Eingang in Ihren Bewusstseinsfokus. Stellen Sie sich diesen Fokus als eine Art Kugel vor, die eine bestimmte Größe hat. Die Größe der Kugel entspricht dem momentanen Stand Ihrer Bewusstseinsentwicklung. Menschen in den ersten drei Phase dieser Entwicklung haben einen kleineren Bewusstseinsfokus als Menschen in Phase 4 oder 5. Denn die Kugel hat sich entsprechend der Entwicklung und der nun aktuellen, bewussten Wahrnehmung der inneren und äußeren Realität vergrößert, was einem erweiterten Bewusstsein entspricht. Die Kugel der bewussten Wahrnehmung ist in den Phasen 1 bis 3 identisch mit dem begrenzten Ich. Dieses Ich besteht zum größten Teil aus Beschützeranteilen, die dafür sorgen, dass jemand in der Komfortzone bleibt und im Alltag reibungslos funktioniert. Innere, verletzte Anteile mit starken Gefühlen werden unterdrückt und nach außen, in den Bereich außerhalb der Kugelgrenzen verschoben. Dieser Bereich gehört wiederum zum **persönlichen Unbewussten**, das bereits Carl Gustav Jung beschrieben hat. Dieser Teil des Unbewussten beinhaltet alle unerwünschten Emotionen und inneren Anteile. Hinter dem persönlichen Unbewussten gibt es noch den Bereich des kollektiven Unbewussten (s. Abbildung S. 76), der deutlich größer ist. Hier sind die Erfahrungen aller Menschen aus allen Zeitaltern gespeichert. Darüber hinaus existiert das **unbewusste**

Informationsfeld oder die **Informationsmatrix**, die uns alle verbindet und alle Bereiche und Inhalte des Bewusstseinsfokus und des Unbewussten enthält. Hierüber tauschen wir ständig Informationen ohne Zeitverzögerung aus, was dem begrenzten Ich jedoch zumeist verborgen bleibt. Nur das innere Selbst, das sich bereits im Bewusstseinsfokus eines Menschen entfalten konnte, nimmt diese Informationen bewusst wahr.

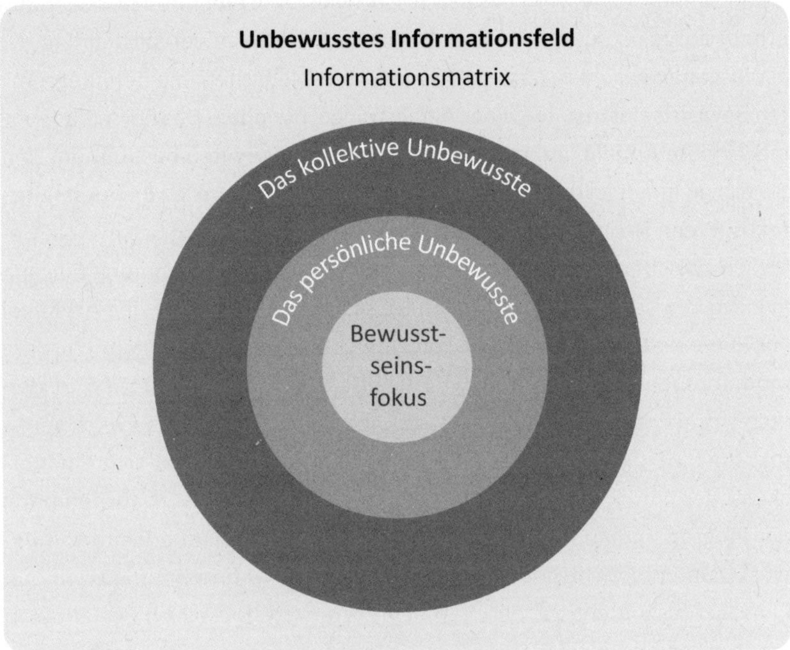

Im kollektiven Unbewussten befinden sich auch die Archetypen. Gemeint sind damit Strukturen, in denen sich ganz bestimmte Erfahrungsinhalte im Laufe der Menschheitsgeschichte angesammelt haben. Sie werden auch Urbilder genannt. In Märchen und Mythen, aber auch auf den Tarotkarten finden sich viele dieser Archetypen, die sich außerdem in Symbolen ausdrücken, wieder. Häufig tauchen sie auch in Träumen auf. Archetypen bilden wichtige Erfahrungsinhalte des allumfassenden Bewusstseins ab und beeinflussen einen jeden von uns stark. Wichtige Archetypen sind:

- **Der Held/die Heldin:** Dieser Archetyp beschreibt einen Menschen, der mit bestimmten Fähigkeiten ausgestattet ist und der im Verlauf einer abenteuerlichen Reise mit verschiedenen Herausforderungen und Gefahren konfrontiert wird. Seine Fähigkeiten entdeckt er erst dadurch, dass er die auftauchenden Schwierigkeiten bewältigt. Am Ende der geglückten Reise hat er sein volles Potenzial und eine innere Stabilität entwickelt.
- **Die Mutter:** Dieser Archetyp repräsentiert die umsorgenden und beschützenden Eigenschaften, die ein Mensch entwickeln kann.
- **Der Krieger/die Kriegerin:** Dieses Urbild spiegelt die kämpferischen Eigenschaften von Menschen wider. Die Motive für einen Kampf können sehr unterschiedlich sein und reichen vom Streben nach Besitz, Land und Macht bis hin zum Einsatz der eigenen Kräfte für einen Kampf gegen ungerechte Verhältnisse. Dieser Kampf muss nicht mit physischer Gewalt erfolgen. Kreativität und Ideenreichtum können oftmals viel besser zum Ziel führen.
- **Der Magier/die Magierin:** Dieser Archetyp steht für die metaphysischen Fähigkeiten von Menschen. Damit sind Fähigkeiten gemeint, die über die fünf Sinne hinausgehen, etwa Telepathie, Telekinese, die Veränderung von Realität oder das Reisen in innere Welten.
- **Der Herrscher/die Herrscherin:** Dieser Archetyp beinhaltet alle Formen von Führungspositionen – von König und Königin bis hin zu Menschen in Spitzenpositionen in einem politischen, gesellschaftlichen oder unternehmerischen Umfeld.
- **Der Weise/die Weise:** In diesem Archetyp ist Weisheit in Form von Intuition und tiefen, inneren Einsichten vereint. Diese Qualität geht weit über reproduzierbares Wissen hinaus.
- **Der Heiler/die Heilerin/der Helfer und Berater/Beraterin:** Dieses Urbild hat die Fähigkeit, Menschen bei der Selbstheilung und in Krisenzeiten zu unterstützen. Hierzu gehören Schamanen, Geistheiler und Ärzte, aber auch Therapeuten und Heilpraktiker mit einem ganzheitlichen Ansatz.
- **Der Priester/die Priesterin:** Hier wird ein Mensch repräsentiert, der eine Verbindung von der begrenzten weltlichen Ebene zu einer unbegrenzten und allumfassenden Ebene herstellen kann.

Außer in Märchen und Mythen kommen heutzutage viele der genannten Archetypen in Romanen und Spielfilmen vor. Darin vereint der Protagonist häufig sogar mehrere Archetypen in sich; etwa den Helden, den Krieger und den Magier. Für mich ist dies ein Anzeichen dafür, dass Filmemacher und Drehbuchautoren zunehmend die Transformation des heutigen Menschen und sein größeres Potenzial wahrnehmen und dies filmisch umsetzen. Die Geschichte erzählt immer von einer großen Krise, die der Held/die Heldin nur mit übermenschlichen Kräften bewältigen kann. Ich sehe darin ein Symbol für die heutige Zeit: Sehr viele Menschen und auch die Welt insgesamt befinden sich in krisenhaften Zuständen, die immer dramatischer werden. Nur die Hinwendung zu unserem größeren Potenzial und die Bündelung all unserer Kräfte kann etwas daran ändern. Voraussetzung ist die Bewusstseinserweiterung von Menschen, die bereit sind, ihre alten Muster anzuschauen und sie zu transformieren.

Viele Menschen fühlen sich zu einem oder mehreren Archetypen hingezogen und leben zumeist unbewusst Erfahrungsinhalte des kollektiven Unbewussten, die damit in Zusammenhang stehen. In der heutigen Zeit der Transformation ist es jedoch leichter möglich, die Potenziale, die in den einzelnen Archetypen vorhanden sind, bewusst „anzuzapfen" und für sich selbst verfügbar zu machen.

Zurück zum Bewusstseinsfokus: Innerhalb der Kugel, die das begrenzte Ich und den eigenen Bewusstseinsfokus repräsentiert, existiert auch das innere Selbst. Es ist mit dem Schöpfer-Selbst und dem umfassenden Bewusstsein verbunden. Dieser in den ersten drei Phasen der Bewusstseinsentwicklung kleine Bereich innerhalb des begrenzten Ich sorgt dafür, dass trotz aller Ähnlichkeiten mit anderen Menschen im Bereich des begrenzten Ich eine gewisse Individualität bewahrt bleibt und wir uns nicht alle völlig gleich verhalten. Unser inneres Selbst zeigt sich in Träumen, durch intuitive Einfälle und in unserer Kreativität, und zwar auch in den ersten drei Phasen der Bewusstseinsentwicklung. In den fünf Phasen der Bewusstseinsentwicklung entwickelt sich das begrenzte Ich eines Menschen kontinuierlich hin zum inneren, erweiterten Selbst, was im Folgenden grafisch veranschaulicht wird.

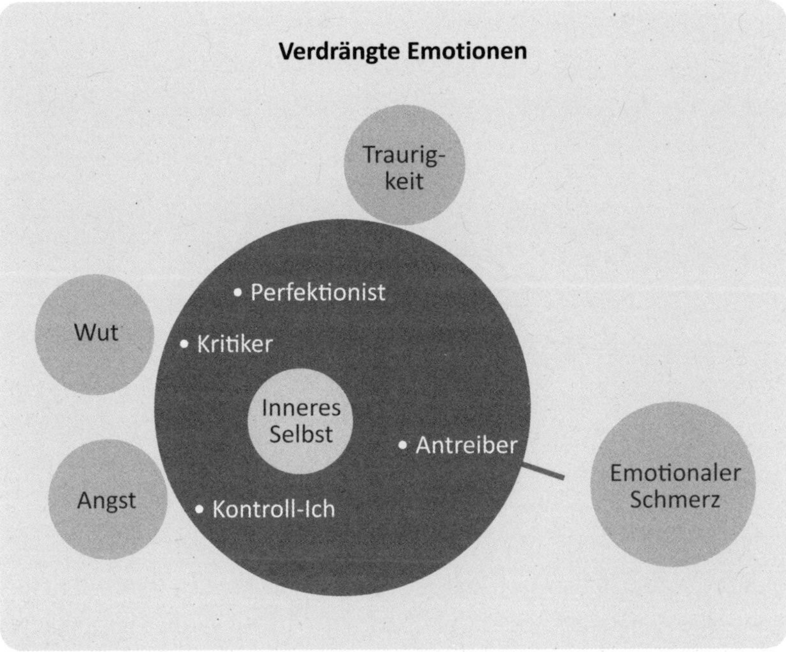

In **Phase 1** besteht das begrenzte Ich hauptsächlich aus Beschützeranteilen und konditionierten Gefühls- und Verhaltensmustern (s. Abbildung oben). Diese beherrschen den Bewusstseinsfokus und sorgen für eine Anpassungstrance, mit der jemand im Alltag gut funktioniert. Unerwünschte innere Anteile, zum Beispiel das ängstliche oder sich einsam fühlende Kind, bleiben außerhalb dieses Fokus der Aufmerksamkeit und damit außerhalb der Kugel. Unser inneres Selbst befindet sich als kleine Kugel innerhalb der großen Kugel des Bewusstseinsfokus, es konnte sich bisher noch nicht entfalten.

In **Phase 2,** in der die Unzufriedenheit stetig zunimmt, wird eine dauerhafte Verdrängung der unerwünschten inneren Anteile immer schwieriger und gelingt zeitweise gar nicht mehr. Gefühle wie Unsicherheit oder Angst können spürbar werden, indem die entsprechenden Anteile, die diese Gefühle in sich tragen, die Grenze zum Bewusstseinsfokus überschreiten und in den Bereich des begrenzten Ich eindringen (s. folgende Abbildung). Auf

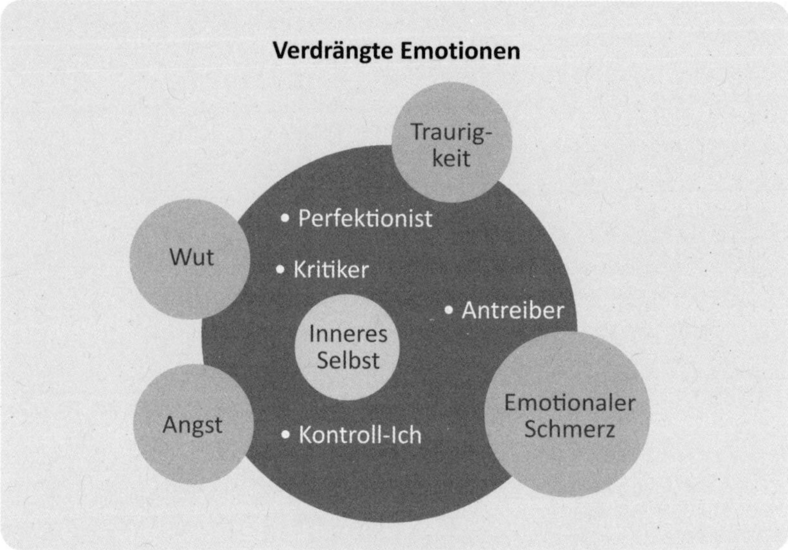

diese Weise entstehen nach und nach die entsprechenden Trancezustände, etwa eine Anpassungs- oder Opfertrance. Der zuvor verdrängte Teil, etwa ein ängstlicher Kindanteil, beherrscht nun mit den dazugehörigen Mustern die Wahrnehmung. Es fällt schwerer, in der Komfortzone zu bleiben. Dadurch, dass nun Suchtverhalten bzw. bestimmte Abwehrstrategien verstärkt werden, gelingt es in dieser Phase jedoch weiterhin, die unerwünschten Anteile und Emotionen außen vor zu lassen und in der Komfortzone zu bleiben.

In **Phase 3,** der sogenannten Krisenphase, gelingt es nicht mehr, unerwünschte innere Teile aus dem Bewusstseinsfokus auszusperren. Es ist folglich nicht mehr möglich, in der Komfortzone zu bleiben. Einzelne oder mehrere vorher verdrängte Anteile haben die Grenze des Ich vollständig überschritten und befinden sich innerhalb des Bewusstseinsfokus (s. folgende Abbildung). Sie beherrschen die Wahrnehmung, sodass sich das entsprechende Muster ausspielen kann. Gefühle wie Angst, Einsamkeit oder Traurigkeit können so stark werden, dass sich der Betroffene hiervon völlig überwältigt fühlt. Alleine schafft er es häufig nicht mehr aus der Krise herauszukommen und nimmt eventuell Hilfe in Anspruch.

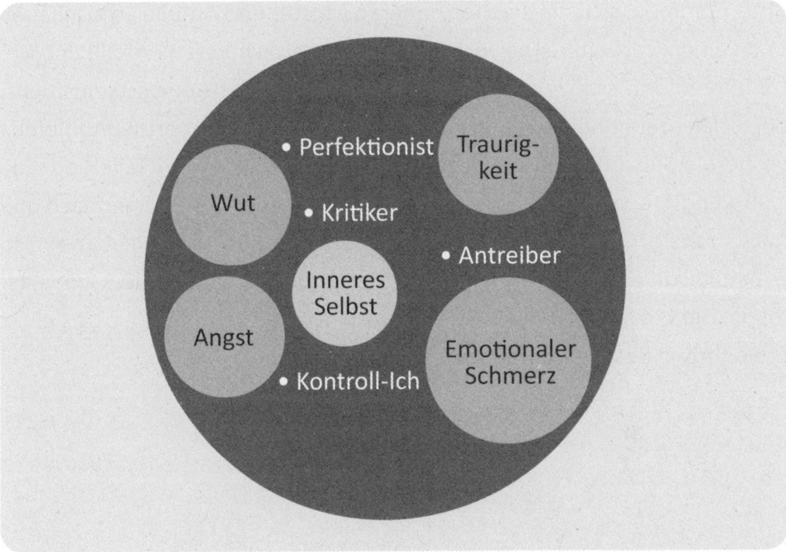

Während der **Phase 4** erwacht das innere Selbst immer mehr und erzeugt eine innere Sicherheit und Halt. Wer sich in dieser Phase der Bewusstseinsentwicklung befindet, hat inzwischen ernsthafte Schritte dahingehend

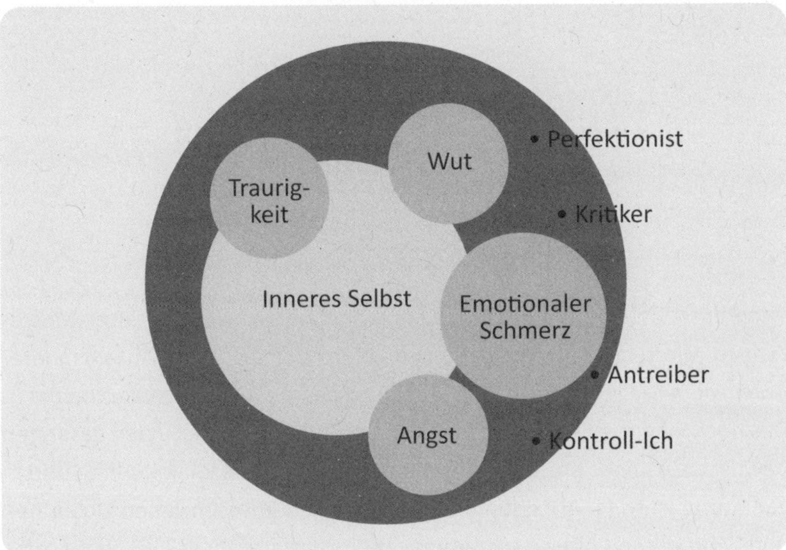

unternommen, sich die eigenen, inneren Muster und Anteile anzuschauen und damit zu arbeiten. Die vorher unerwünschten inneren Anteile und Gefühle befinden sich zwar weiterhin in der Kugel des Bewusstseinsfokus, aber gleichzeitig hat sich auch das innere Selbst vergrößert (s. Abbildung vorherige Seite). Das führt dazu, dass diese Gefühle und Teile liebevoll wahrgenommen werden können und die dazugehörigen Muster nach und nach transformiert werden. Die Beschützeranteile sind nicht mehr so machtvoll und bewegen sich mehr in die Peripherie des Aufmerksamkeitsfokus. Die Kugel des Bewusstseinsfokus wird insgesamt größer, was einer Erweiterung des eigenen Bewusstseins entspricht.

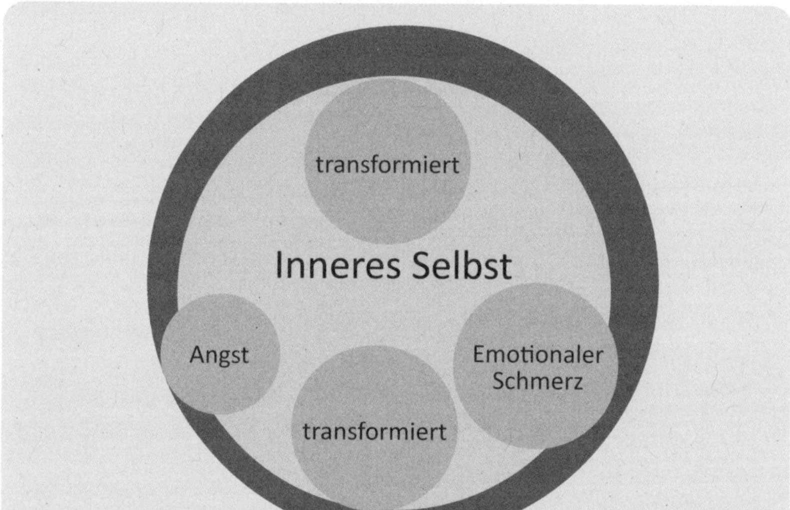

In **Phase 5,** der Phase des Erwachens, sind bereits viele der alten Muster transformiert, das heißt, dass sich nun eine noch geringere Anzahl innerer Anteile innerhalb und außerhalb der Kugel des Bewusstseinsfokus befindet. Das noch weiter gewachsene innere Selbst füllt nun nahezu den gesamten Bewusstseinsfokus aus und ist somit auch im ganz normalen Alltag durchgehend präsent (s. Abbildung oben). Die eigenen essenziellen Qualitäten und Fähigkeiten können sich immer mehr entfalten und im Lebensalltag sichtbar werden. Auftauchende innere Anteile, Emotionen und psychische Muster können viel leichter und schneller angenommen, vervollständigt und transformiert werden. Die Beschützeranteile sind nur noch am Rande wahrnehmbar und spielen kaum noch eine Rolle im Alltag, da das innere Selbst die Führung übernommen hat.

Obwohl sich das innere Selbst in den ersten drei Phasen nicht entfalten kann und häufig unbemerkt bleibt, kann es sich doch unter besonderen Umständen zeigen und spürbar werden. Wenn Sie sich daran erinnern, wie es sich anfühlte verliebt zu sein, wissen Sie, dass Verliebtsein eine Art Ausnahmezustand ist. Es kommen Gefühle, Einsichten und Anteile zum Vorschein, die sonst verborgen bleiben. Ähnlich ist es, wenn Sie etwa von einem Film, einem Buch oder einem besonderen Menschen tief berührt werden. Es kommt dann zumindest kurzzeitig zu einer Erweiterung des eigenen Blickwinkels, wobei die Kontrollmechanismen ein Stück zurücktreten. Auch Zeiten der Stille, der inneren Einkehr und Meditation können das Spüren des inneren Selbst in allen Phasen begünstigen. Wenn jedoch nicht gleichzeitig wirklich tief greifende und ernsthafte Schritte in Richtung Selbst unternommen wurden, bleibt es bei dieser kurzzeitigen Erweiterung des Blickwinkels. Man fällt rasch in die alten psychischen Muster zurück und wird von den gewohnten Beschützeranteilen innerhalb des begrenzten Ich erneut beherrscht. Selbst in einer Therapie oder in einem Selbsterfahrungsseminar ist es möglich, den eigentlichen Themen seiner psychischen Muster aus dem Weg zu gehen und diese zu „umschiffen". Auch dann findet keine echte Transformation statt, mit der Folge, dass Beschützeranteile wieder an Boden gewinnen und verschiedene Trancezustände Normalzustand im Alltag bleiben. Nur wenn innere Anteile, Emotionen und psychische Muster vervollständigt und transformiert werden, kann sich unser inneres Selbst erweitern und immer mehr Raum in unserem Bewusstseinsfokus einnehmen; das begrenzte Ich entwickelt sich hin zum erweiterten Selbst.

Unser begrenztes Ich fungiert wie ein Filter für die Realität. Denn es wird zumeist von inneren Anteilen bestimmt, die die verschiedenen Trancezustände hervorrufen. Je nach Trancezustand wird die Wirklichkeit ganz unterschiedlich erlebt. In einer Opfertrance erlebe ich die Welt völlig anders als in einer Überlegenheitstrance. Innerhalb der einzelnen Trancezustände gibt es unzählige Muster, die einen bestimmten Erfahrungsbereich inhaltlich abdecken. Das heißt, dass man innerhalb einer Überlegenheitstrance das Gefühl der Überlegenheit auf unterschiedlichste Art und Weise erfahren kann. Dies ist abhängig vom jeweiligen Muster, das in der Kindheit entstanden ist. Wenn die Mutter zum Beispiel sehr streng war und man nur für sehr gute Leistungen Lob bekam, ist ein Muster entstanden, das Gefühl der Überlegenheit durch herausragende Leistungen entstehen zu lassen. Nehmen wir an, der Vater legte sehr viel Wert auf Äußeres und beachtete einen nur, wenn man sich besonders hübsch machte. Dann kann sich das Muster entwickelt haben, dass man sich über gutes Aussehen positiv gegenüber anderen Menschen abgrenzt und sich dadurch überlegen fühlt. Es gibt sehr viele verschiedene Variationen von inneren Anteilen, Trancezuständen und psychischen Mustern. Die einzelnen inneren Anteile bilden eine einzigartige Perspektive, aus der heraus die Welt wahrgenommen wird. Durch diese Vielfältigkeit des Erlebens werden unzählige wertvolle Erfahrungsinhalte für das umfassende Bewusstsein gesammelt, jede einzelne Erfahrung ist für das Gesamtbewusstsein wertvoll.

Zusammenfassung:

1. Es gibt nicht nur ein einziges Ich, aus dem heraus alles erlebt wird, sondern eine Vielzahl innerer Anteile, die Bestandteil des begrenzten Ich sind. Zusammen mit den dazugehörigen psychischen Mustern und Trancezuständen werden Filter für die Wahrnehmung der Realität geschaffen, wodurch Sie wertvolle Erfahrungen für das Gesamtbewusstsein machen.
2. In jedem von uns gibt es unerwünschte Teile, die verletzt sind und unangenehme Gefühle in sich tragen. Parallel dazu existieren erwünschte Teile, mit denen wir uns identifizieren. Außerdem gibt es Beschützeranteile, die verhindern wollen, dass die verletzten Teile erneut verletzt werden. Sie sorgen dafür, dass wir die unangenehmen Gefühle dieser Anteile nicht oder nur wenig spüren. Erwünschte Teile werden zugelassen und bestärkt.

3. Der Bewusstseinsfokus ist der Bereich, in dem Ihnen etwas bewusst ist. Im Verlauf der fünf Phasen der Bewusstseinsentwicklung werden verdrängte innere Anteile und Gefühle zunehmend in den Bewusstseinsfokus gerückt und durch das Erwachen des inneren Selbst transformiert. Dadurch kommt es in Phase 4 und 5 zu einer Bewusstseinserweiterung und dem Erschließen des inneren Potenzials.

Impuls

1. Schreiben Sie auf, welche inneren Anteile Sie bewusst bei sich wahrnehmen. Unterscheiden Sie zwischen Anteilen mit unangenehmen Gefühlen, erwünschten Anteilen, die zu Ihrer Persönlichkeit gehören, und Beschützeranteilen.

Übung

Schreiben Sie als Ihr bewusstes Ich an einige dieser inneren Anteile einen Brief. Diese Übung kann Ihnen dabei helfen, sich zunehmend von einzelnen inneren Anteilen zu unterscheiden und dadurch Ihr inneres Selbst zu stärken. Darüber hinaus ist sie eine hilfreiche Vorübung für den Prozess *Schöpfer-Transformation*. Probieren Sie einfach aus, mit verschiedenen inneren Anteilen ins Gespräch zu kommen, sei es schriftlich oder in einer Art innerem Dialog.

Und so geht es: Wenn Sie an einen Teil von sich denken, spüren Sie zunächst, welche Gefühle ihm gegenüber auftauchen und wo Sie diese in Ihrem Körper spüren. Dann schreiben Sie an diesen Teil und teilen ihm mit, welche Gefühle Sie ihm gegenüber haben, was Ihnen an ihm gefällt und was nicht. Versetzen Sie sich sodann in diesen Teil und schreiben Sie jetzt seine Antwort an Ihr bewusstes Ich auf.

Wenn es Ihnen schwerfällt, sich von dem Anteil zu unterscheiden, setzen Sie ihn in Ihrer Vorstellung auf einen Stuhl, während Sie an ihn schreiben. Wenn er an der Reihe ist zu antworten, setzen Sie sich auf seinen Stuhl und schreiben seine Antwort.

Es ist ratsam, diese Übung mit einem Brief an das Kontroll-Ich, einem Beschützeranteil, zu beginnen. Denn diese Beschützeranteile verwehren ansonsten den Zugang zu anderen inneren Anteilen. Auch **Sandra** wollte ihr Kontroll-Ich kennenlernen. Wenn sie an diesen Teil von sich dachte, spürte sie eine leichte Beklemmung in ihrem Oberkörper, etwas, das ihr das freie Atmen erschwerte. Darüber ärgerte sie sich und schrieb deshalb an ihr Kontroll-Ich: „Hallo mein kontrollierendes Ich, ich möchte Dir ein paar Zeilen schreiben. Als ich eben an Dich gedacht habe, kam Ärger in mir auf, da Du mir die Luft zum Atmen nimmst. Ich bin einerseits dankbar dafür, dass Du mich bisher gut durchs Leben gebracht hast, auf der anderen Seite fühle ich mich oft viel zu kontrolliert. Ständig denke ich darüber nach, was ich heute noch zu erledigen habe oder wie ich mich anderen Menschen gegenüber ausdrücken soll. Ich möchte, dass Du mir in Zukunft mehr Freiraum gibst und mir mehr Entscheidungen überlässt." In seiner Antwort bot das Kontroll-Ich Sandra einen Anhaltspunkt, wo sie bei der weiteren Arbeit mit diesem Anteil ansetzen könnte: „Hallo Sandra, schön, dass Du mich endlich einmal bewusst bemerkst. Ich habe all die Jahre dafür gesorgt, dass es Dir gut geht und Du keine Probleme bekommst. Ich weiß nicht, ob es eine gute Idee ist, wenn ich jetzt lockerer lasse. Ich befürchte, dass dann vieles schlechter laufen wird." Sandra lernte über diese Übung, dass sie nicht ihr Kontroll-Ich ist. Auch Sie können auf diese Weise lernen, sich von Ihren inneren Anteilen zu unterscheiden und dadurch Ihr inneres Selbst zu stärken.

7 | Wie sich Gedanken, Emotionen, Körper, Kopf-, Herz- und Bauchgehirn gegenseitig beeinflussen

In diesem Kapitel möchte ich Ihnen die vielfältigen Wechselwirkungen zwischen Gedanken, Gefühlen, Körper und den Gehirnen vorstellen. Aus dem Verständnis dieser Zusammenhänge heraus ergeben sich viele praktische Anwendungsmöglichkeiten für Ihren Transformationsprozess. Ja, Sie haben richtig gelesen: Gehirne! Denn wir haben nicht nur unser Kopfgehirn, wir besitzen außerdem auch noch ein Herz- und ein Bauchgehirn, die Einfluss auf unser Leben und unsere Entscheidungen nehmen. Vermutlich kennen Sie Sätze wie: „Mein Kopf sagt das eine, mein Bauch sagt etwas ganz anderes!" oder: „Ich möchte tun, was mein Herz mir sagt", die genau dies beschreiben. Um zu verstehen, wie sich Gedanken, Emotionen, Körper, Kopf-, Herz- und Bauchgehirn gegenseitig beeinflussen, ist es wichtig, zunächst einmal genauer hinzuschauen, wie unser Kopfgehirn funktioniert. Wie beschrieben, unterscheiden wir hier das Großhirn, also die Hirnrinde mit den beiden Gehirnhälften, das limbische System und das Stammhirn.

Der Hirnstamm ist der älteste Teil des Gehirns und für grundlegende Funktionen des Überlebens zuständig. Ohne unser Zutun sorgt er für die Atmung, reguliert den Herzschlag, den Blutdruck und alle weiteren wichtigen Überlebensfunktionen. Außerdem ist hier das Reptiliengehirn mit seinen Programmen angesiedelt (s. Infobox Kapitel 1). Reptilien sind nicht nur Kaltblüter, sondern auch gefühlskalt. Nur Angst und Aggression kommen hier vor, Empathie und soziales, kooperatives Verhalten ist nicht vorhanden.

Das limbische System, das zwischen dem Hirnstamm und dem Großhirn sitzt und an beiden Anteil hat, beinhaltet das Säugetiergehirn und hat generell mit Emotionen und sogar Empathie zu tun. Säugetiere besitzen Gefühle und zeigen kooperatives, soziales Verhalten. Im limbischen System sind auch die Emotionen aus der frühen Kindheit (zumeist aus den ersten sechs Lebensjahren) gespeichert. Dieser Teil des Gehirns ist zugleich eine Art Vermittler zwischen der alten Gehirnstruktur des Hirnstamms und der entwicklungsgeschichtlich neueren Struktur der Großhirnrinde. Während sich der Hirnstamm durch Konkurrenzdenken auszeichnet, besitzt die

Großhirnrinde und insbesondere das Stirnhirn als ein Teil davon die Fähigkeit zu kooperativem Verhalten. Die im limbischen System aus der Kindheit gespeicherten Emotionen sind Teil der alten Muster, die uns noch im Erwachsenenalter beschäftigen und unsere Erfahrungsinhalte im Alltag mitsteuern. Die verschiedenen inneren Kindanteile, die Emotionen wie Angst, Wut, Traurigkeit oder emotionalen Schmerz tragen, haben hier ihren Ursprung. Es gibt viele Nervenfasern, die vom limbischen System in die Großhirnrinde reichen. Deshalb beeinflussen die im limbischen System gespeicherten Emotionen unser bewusstes Denken und Verhalten sehr stark. Umgekehrt gibt es jedoch kaum Nervenfasern, die von der Großhirnrinde zum limbischen System wachsen. Bezüglich des Informationsflusses handelt es sich hier also nahezu um eine Einbahnstraße. Das ist auch der Grund, weshalb bei stärkeren Emotionen ein rein gedankliches Gegensteuern zumeist nicht hilft. Durch positives Denken und Affirmationen können wir unsere oberflächlichen Stimmungen beeinflussen, nicht aber die aus unserem limbischen System stammenden Emotionen. Allerdings können wir über den Bereich des Stirnhirns durch bewusste Vorstellungen und Bilder Einfluss auf das vegetative Nervensystem und damit auf die Stärke unserer erlebten Emotionen nehmen.

Einen entscheidenden Einfluss darauf, ob wir etwas als Bedrohung erleben, haben die sogenannten Mandelkerne, auch Amygdala genannt. Das sind kleine, mandelförmige Strukturen, die sich im Bereich des limbischen Systems auf Schläfenhöhe circa drei Zentimeter hinter den Augen befinden. Der hintere Bereich dieser zwei Mandelkerne – und damit das Reptiliengehirn – wird aktiviert, wenn akut eine reale Gefahr existiert. Dann beginnen unsere Überlebensprogramme zu arbeiten und entsprechende Stresshormone werden ausgeschüttet. Auch die im limbischen System gespeicherten alten Emotionen können dadurch ausgelöst werden. Diese Programme können jedoch auch dann aktiviert werden, wenn gar keine reale Gefahr droht. Es reicht, uns vorzustellen, dass etwas für uns bedrohlich ist. Das Reptiliengehirn kann also nicht unterscheiden, ob es sich um eine reale Gefahr oder um eine nur vorgestellte Gefahr handelt. Der vordere Bereich der beiden

Mandelkerne – und damit der Bereich des Stirnhirns – wird wiederum aktiviert, wenn wir uns wohl und sicher fühlen. Auch diesen Bereich können wir bewusst aktivieren, etwa durch angenehme und schöne Bilder und durch angenehme Düfte. Denn unser Geruchszentrum ist eng mit dem limbischen System verknüpft.[12] Auf unser Befinden und unsere tieferen Emotionen haben rein gedankliche Strategien also wenig Einfluss. Bilder und Vorstellungen hingegen haben einen starken Einfluss auf uns, insbesondere dann, wenn viele Sinneseindrücke mit einfließen. Ebenfalls von Bedeutung ist, worauf wir unsere Aufmerksamkeit lenken. Die Aufmerksamkeit kann wie ein Scheinwerfer gesehen werden, der sich auf bestimmte äußere oder innere Wahrnehmungen richtet. Je länger und stärker das Licht des Scheinwerfers auf ein Thema fällt, desto stärkeren Einfluss hat es auf uns und unser Befinden.

Ein weiterer und sehr interessanter Einflussfaktor auf unsere Emotionen ist das Mitgefühl anderer Menschen. Wenn andere Menschen Verständnis für unsere Emotionen zeigen und mitfühlend darauf eingehen, fühlen wir uns besser. Auch wir können auf diese Weise mit anderen empathisch sein. Der Grund sind die sogenannten **Spiegelneuronen**, die erst 1990 entdeckt wurden und die den Prozess Schöpfer-Transformation unterstützen. Diese besonderen Nervenzellen nehmen die Welt nicht nur wahr, sondern beeinflussen sie auch. Mit ihnen sind wir in der Lage, das zu fühlen, was ein anderer Mensch fühlt und umgekehrt. Das Spiegelsystem ist nicht bei allen Menschen gleichermaßen aktiviert, wir sind also nicht alle gleich empathisch. Je mehr wir die Perspektive eines anderen Menschen einnehmen können, desto stärker werden unsere Spiegelneuronen aktiviert.[13] Ich bin überzeugt davon, dass die Spiegelneuronen dann verstärkt aktiviert werden, wenn wir begrenzende und trennende alte Muster transformieren und aus der Trennungstrance aussteigen können. Durch die aktivierten Spiegelsysteme in uns sind wir dann immer häufiger in der Lage, das Gefühl der Trennung und der Vereinzelung zu überwinden und die tiefere Ebene der Verbundenheit zu realisieren. Dieses Gefühl der Verbundenheit stärkt das innere Selbst und hilft bei der Transformation alter Muster.

Wie manifestieren sich innere Muster eigentlich auf körperlicher Ebene? Bei allen Erfahrungen, die wir aufgrund unserer alten Muster machen, entstehen Bahnen und Verschaltungen im Kopfgehirn. Jedes Mal, wenn eine Erfahrung wiederholt wird, verstärken sich diese Bahnen und neuronalen Verschaltungsmuster im Gehirn und halten die Muster auf körperlicher Ebene aufrecht. Je öfter wir etwas tun, desto größer ist die Wahrscheinlichkeit, dass wir dieses Verhalten wiederholen. So entsteht zum Beispiel ein sogenanntes „Suchtgedächtnis", wenn jemand Drogen nimmt oder einer anderen Sucht nachgeht. Erst durch längere Abstinenz und Verzicht auf das Suchtmittel werden bestimmte Verbindungen im Gehirn wieder abgebaut. Ebenso verhält es sich mit Fertigkeiten, die Sie gelernt haben, wie das Ausüben einer bestimmten Sportart. Wenn Sie diese längere Zeit ausgeübt haben, werden Sie darin richtig gut. Wenn Sie eine längere Zeit aussetzen, müssen Sie erneut trainieren, um auf den alten Stand zu kommen. Das bedeutet, dass durch ständige Wiederholung bestimmter Verhaltens- und Denkweisen, die mit einem alten Muster verbunden sind, dieses Muster verstärkt wird. Die neuronalen Verbindungen im Gehirn werden immer stärker und lösen die entsprechenden Gedanken, Verhaltensweisen und Gefühle immer häufiger aus. Alte, im Kopfgehirn eingeprägte Muster können nur aufgelöst werden, wenn dieser Kreislauf unterbrochen wird. Denn dann können die entsprechenden Nervenverbindungen, ähnlich wie bei einer Sucht, nach und nach schwächer werden, bis sie sich schließlich ganz auflösen. Durch bewusste Erkenntnis oder gedankliche Steuerung allein lässt sich dies nicht bewerkstelligen. Die Einbeziehung des Körpers und des Bauch- und Herzgehirns – so wie es beim Prozess *Schöpfer-Transformation* geschieht – ist jedoch eine unschätzbare Hilfe, wenn es darum geht, alte Muster schnell und wirksam zu transformieren.

Sowohl das Herz- als auch das Bauchgehirn – beides Nervenzentren – haben einen entscheidenden Einfluss auf unser vegetatives Nervensystem. Das vegetative Nervensystem ist der Teil unseres Nervensystems, der zumeist unbewusst und automatisch abläuft und auf den wir willentlich wenig Einfluss haben. Es wird üblicherweise in das sympathische und das parasympathische Nervensystem unterteilt, welche jeweils auch das Nervensystem des Magen-Darm-Traktes beeinflussen. Die Emotionen aus dem limbischen System wie Trauer, Wut oder Angst beeinflussen das vegetative Nervensystem und führen dementsprechend zu einer Reaktion des Körpers. Schlafstörungen, Appetitstörungen oder starkes Schwitzen können Anzeichen dafür sein, dass das vegetative Nervensystem ins Ungleichgewicht gekommen ist.

Beide Teile des vegetativen Nervensystems haben unterschiedliche Aufgaben. Der Sympathikus ist für Aktivität und Spannkraft verantwortlich. Wenn unser Nervensystem auf diese Weise aktiviert wird, haben wir Energie und können sportliche und geistige Leistungen vollbringen. Bei Stress kann die Aktivität so gesteigert sein, dass ein Gefühl der Überforderung entsteht oder gar ein Panikzustand möglich ist. Der Parasympathikus als Gegenspieler des Sympathikus sorgt für Entspannung und Erholung. Durch ihn wird die Leistung gedrosselt; Blutdruck, Energieverbrauch und Herzfrequenz werden gesenkt. In unserem Alltag herrscht meistens der Sympathikus vor. Steigende Anforderungen, Zeitdruck und eine Überflutung durch sensorische Reize erzeugen Stress und innere Anspannung. Als Gegenreaktion und Ausgleich fordert dann der Parasympathikus sein Recht und drosselt die Leistung bis hin zur Erschöpfung. Wenn weiter Raubbau am Körper getrieben wird, kommt es zum Burn-out. Vom vegetativen Nervensystem gesteuerte Körperfunktionen wie Herzfrequenz, Blutdruck oder Muskelspannung können indirekt über körperliche Aktivität oder bewusste Ruhephasen beeinflusst werden. Atemübungen, Yoga, Qi Gong und Meditation können sehr hilfreich dabei sein, innerlich zur Ruhe und zu einem inneren Gleichgewicht zu gelangen. Und das Gute ist: Wenn Sie sich auch allein nur ein Ruhebild, eine Aktivität oder eine von Ihnen ersehnte und schöne Realität vorstellen, können Sie Einfluss auf die unwillkürlichen Funktionen Ihres Körpers nehmen. Dies ist ein wesentlicher Grund, weshalb der Prozess *Schöpfer-Transformation* Vorstellungen und bestimmte Bewegungen des Körpers mit einbezieht.

Entscheidend beeinflusst wird unser vegetatives Nervensystem, wie bereits erwähnt, von unserem Bauch- und unserem Herzgehirn. Mit dem **Bauchgehirn** ist ein umfangreiches Nervengeflecht in unserem Bauch gemeint, das selbstständig verschiedenste Vorgänge im Körper steuert, und zwar ohne Zutun des Kopfgehirns.[14] Das Bauchgehirn besteht aus Nervenzellen, aus Neuronen, wie sie auch im Kopfgehirn vorkommen. Die Neurotransmitter, mit denen die Neuronen im Kopfgehirn kommunizieren, existieren hier ebenfalls. Mithilfe dieser Botenstoffe und über spezielle Nervenleitbahnen kann das Bauchgehirn leicht mit dem Kopfgehirn in Verbindung treten und Botschaften schicken. So sendet das Bauchgehirn, wenn Sie hungrig sind, entsprechende Signale an das Kopfgehirn, das wiederum dem Körper den Befehl erteilt, etwas zu essen. Von Geburt an werden sensorische und emotionale Eindrücke in das Bauchgehirn eingeprägt. Durch den ständigen Austausch mit dem Kopfgehirn, wobei insgesamt übrigens weit mehr Informationen vom Bauch- zum Kopfhirn gesendet werden als umgekehrt, nimmt es die Umwelt wahr und wird durch alle Erlebnisse beeinflusst. Das Bauchgehirn steht in sehr enger Verbindung zum limbischen System und den dort gespeicherten Emotionen aus der Kindheit. Das ist auch der Grund dafür, weshalb wir viele unserer Emotionen im Bauch wahrnehmen können. Die alten Muster finden also nicht nur eine körperliche Entsprechung und Verankerung im Kopf, sondern auch im Bauch. Weil es eine so enge Verbindung zum Großhirn gibt, werden viele unserer Entscheidungen sehr stark durch das Bauchgehirn und die dort gespeicherten Informationen beeinflusst. Wenn sich unser Bauchgehirn entspannt und frei anfühlt, hat es über die Ausschüttung beruhigender Botenstoffe einen positiven und transformativen Einfluss auf unsere Emotionen im limbischen System. Dadurch wird die Transformation alter Muster wesentlich erleichtert.

Auch das Herz besitzt ein eigenes, vom Kopfgehirn unabhängiges Nervensystem, das sogenannte **Herzgehirn**. Seine mehr als 40.000 Nervenzellen kommunizieren über Nervenleitbahnen und Neurotransmitter sowohl mit dem Kopf- als auch mit dem Bauchgehirn. Markus Peters beschreibt in seinem Buch „Gesundmacher Herz: Wie es uns steuert, verbindet und heilt“, dass unser Herz ein elektromagnetisches Feld ausstrahlt, das etwa 5.000 Mal stärker als das des Kopfhirns ist. Es ist noch weit außerhalb des Körpers messbar. Neuere Forschungsergebnisse zeigen, dass Herz- und Kopfgehirn gleichberechtigt miteinander Informationen austauschen. Nicht nur das Bauchgehirn, auch das Herz kann das Kopfgehirn und damit unsere Gedanken und unsere Emotionen aus dem Bereich des limbischen Systems stark beeinflussen. Doc Childre, einer der führenden Forscher in diesem Bereich, fand heraus, dass Emotionen den Herzrhythmus beeinflussen. Das Muster des Herzrhythmus spiegelt bestimmte Emotionen weit besser wider als andere Messungen am menschlichen Körper. Als angenehm empfundene emotionale Zustände, zum Beispiel Mitgefühl, Wertschätzung, Freude und Liebe, führen zu einem gleichmäßigen und geordneten Muster im Herzrhythmus, was als Herzkohärenz bezeichnet wird. Stress erzeugende Emotionen wie Angst, Wut und Sorge erzeugen dagegen ein gezacktes, ungeordnetes, inkohärentes Muster.[15] Ein kohärenter, also gleichmäßiger Herzrhythmus ist in der Lage, starke Emotionen aus dem limbischen System zu beruhigen. Außerdem kann er das Immunsystem und den Hormonhaushalt ins Gleichgewicht bringen und stärkt darüber hinaus noch das Nervensystem und lindert Schmerzen. Ein inkohärenter Herzrhythmus dagegen verstärkt das eigene Stresserleben und hat auf Dauer eine destruktive Wirkung auf das Immunsystem, die Hormonproduktion und das Nervensystem. Durch Meditation, Entspannung, Imagination und Atemübungen sind wir in der Lage, unseren Herzrhythmus in Richtung Kohärenz zu beeinflussen. Weil dieser beruhigend wirkt, ist es auf diese Weise leichter, die Emotionen aus dem limbischen System mit den dazugehörigen alten Mustern zu transformieren.

Die einzelnen Schritte im Prozess *Schöpfer-Transformation* stärken ebenfalls gezielt die Kohärenz unseres Herzens. Wer den Transformationsprozess regelmäßig anwendet und so immer mehr essenzielle Qualitäten seines inneren Selbst, etwa Freude, Dankbarkeit, Glücks und Liebe, spüren kann, verbessert nicht nur seine Herzkohärenz. Zugleich befinden sich Herz-, Bauch- und Kopfgehirn in Harmonie miteinander und erzeugen eine eigene, sehr umfassende Form der Kohärenz. Das wirkt sich entscheidend und sehr spürbar auf unser subjektives Befinden aus. Unser Körper, unsere Emotionen und Überzeugungen erfahren eine tief gehende Transformation.

Verschiedene Bewusstseinszustände spiegeln sich auch in den Gehirnwellen wider, deren Frequenzen mit einem EEG sichtbar gemacht werden können. In einem entspannten Zustand zeigen sich langsamere Alpha- oder Thetawellen, in einem Stresszustand die schnelleren Betawellen, die in unserem Alltag oft vorherrschend sind. Die noch schnelleren Gammawellen spiegeln hingegen einen sehr kohärenten Gehirn- und Bewusstseinszustand wider, wie er in tiefer Meditation anzutreffen ist.

Zusammenfassung:

1. Über Spiegelneurone sind wir in der Lage, das zu fühlen, was ein anderer Mensch fühlt.
2. Durch häufige Wiederholung bestimmter Verhaltens- und Denkweisen, die mit einem alten Muster verbunden sind, werden diese Muster verstärkt.
3. Neben unserem Kopfgehirn haben wir auch noch ein Herz- und ein Bauchgehirn.
4. Die im limbischen System gespeicherten Emotionen beeinflussen unser bewusstes Denken und Verhalten sehr. Umgekehrt haben wir über unsere Gedanken jedoch wenig Einfluss auf diese tiefer liegenden, aus der Kindheit stammenden Emotionen.
5. Über bewusste Vorstellungen und Bilder sowie die Lenkung unserer Aufmerksamkeit haben wir Einfluss auf das vegetative Nervensystem, das auch in Verbindung mit Bauch- und Herzgehirn steht, und damit auf die Art und Stärke unserer erlebten Emotionen.
6. Bauch- und Herzgehirn haben außerdem eine starke Verbindung zu unseren Emotionen im limbischen System und beeinflussen das Denken und unsere bewussten Entscheidungen.
7. Wenn sich Herz-, Bauch- und Kopfgehirn in Harmonie miteinander befinden, entsteht eine eigene Form der Kohärenz. Unser Körper, unsere Emotionen und Glaubensüberzeugungen erfahren dann eine tief gehende Transformation.

Übung

Die folgende Übung stellt eine Verbindung zwischen Bauch-, Herz- und Kopfgehirn her. Sie spricht nicht nur mehrere Ebenen an, sondern nutzt auch eine Kombination aus Atmung, Berührung und Imagination und fördert die Kohärenz der drei Gehirne.

Und so geht es: Setzen Sie sich bequem hin und schließen Sie die Augen. Spüren Sie, an welchen Stellen Ihr Körper den Stuhl berührt und wie Ihre Füße den Boden berühren. Nehmen Sie Ihren Atem wahr, wie er regelmäßig ein- und ausfließt. Legen Sie eine Hand auf Ihren Bauch und beobachten Sie, wie die Hand sich mit dem Atem hebt und senkt. Stellen Sie sich nun vor, dass durch Ihre Füße wie bei einem Baum Wurzeln in die Erde wachsen. Lassen Sie mit dem Ausatmen Spannungen und Stress im Körper nach unten durch die Füße in die Erde abfließen. Stellen Sie sich vor, dass die Spannungen und der Stress wie von selbst abfließen. Nach einiger Zeit legen Sie die andere Hand auf die Mitte Ihrer Brust und spüren Sie, wie sich Ihre Hand mit dem Atem hebt und senkt. Lassen Sie jetzt die Spannungen im Brustbereich mit dem Ausatmen nach unten durch die Füße in die Erde abfließen. Um Bauch- und Herzgehirn miteinander zu verbinden, schicken Sie beim Einatmen Ihre Aufmerksamkeit vom Bauch zum Herzbereich und beim Ausatmen wieder zurück zum Bauch. Nach mehreren entspannten Atemzügen können Sie eine Verbindung spüren. Nun legen Sie die Hand, die auf Ihrem Bauch liegt, auf Ihre Stirn. Beim Einatmen verlagern Sie jetzt Ihre Aufmerksamkeit von Ihrem Herzzentrum in der Mitte Ihrer Brust nach oben zum Stirnbereich und beim Ausatmen dann von der Stirn wieder zurück zum Herzzentrum. Spüren Sie, wie auch hier nach und nach eine Verbindung zwischen diesen beiden Zentren entsteht. Nehmen Sie wahr, wie sich Ihre Gedanken und Gefühle noch mehr beruhigen und eine Art innere Stille einsetzt. Wenn es sich für Sie richtig anfühlt, legen Sie beide Hände entspannt ab und genießen noch eine Weile das Gefühl der Ausgeglichenheit und Entspannung.

8 | Der Quanten-Geist

Dieses Kapitel beschreibt das größere Bild des Wandels und der umfassenden Realität, von der Sie ein Teil sind. Es unterstützt den aktuellen Bewusstseinswandel, da es die Ressourcen aufzeigt, mit denen wir uns verbinden können – im Hier und Jetzt für ein erfülltes Leben. Es handelt von einer Verbindung zu einer umfassenden Realität, deren Auswirkung und Unterstützung Sie unmittelbar erfahren können. Die nachfolgenden Ausführungen basieren zum größten Teil auf den Erkenntnissen, die meinem eigenen Erwachen in eine umfassende Realität vor mehr als 20 Jahren folgten und die inzwischen von neuen Erkenntnissen der Quantenphysik sowie der Gehirn- und Bewusstseinsforschung bestätigt werden.

1994 nahm ich an einer internationalen Gruppe für fortgeschrittenes energetisches Heilen teil. Der Workshop ging über drei Wochen und ließ eine Menge Zeit für eigene Prozesse und Entwicklungen. An einem dieser intensiven Tage gewann ich die Einsicht, dass alles Streben im Bereich des Heilens, der Bewusstseinserweiterung und der Spiritualität durchkreuzt wird, wenn innere Anteile wie der Perfektionist oder der Antreiber hierfür der Motor sind. Ich setzte mich mit diesen inneren Anteilen auseinander und fand Zugang zu einer bedingungslosen Liebe für mich selbst. Auf diese Weise fiel jeglicher Druck von mir ab, etwas an dem zu ändern, was ist. Dieses Erleben einer tief gehenden Akzeptanz von mir selbst und den Umständen meines Lebens hatte eine sehr entspannende Wirkung auf mich. Drei Monate später hatte ich dann das lebensverändernde Erlebnis des Erwachens: Ich saß am Strand, die Sonne schien. Bei geschlossenen Augen sah ich zum ersten Mal bewusst mein Schöpfer-Selbst als goldenes und strahlendes Wesen. Ich war in der Lage, mich so mit ihm zu verbinden, dass ich ähnliche Wahrnehmungen hatte, wie es selbst. Aus der Perspektive dieses Wesens sah ich die Verbindung zu den anderen Ich-Identitäten (verschiedene Menschen), die zu diesem Schöpfer-Selbst gehören. Obwohl sie zu verschiedenen Zeiten und an verschiedenen Orten leben, nahm ich alles aus einer gleichzeitigen Perspektive wahr, alle waren für mich im Hier und jetzt zugänglich. Wenn ich den Fokus meines Bewusstseins auf ein bestimmtes Ich richtete, konnte ich in dessen Leben eintauchen. Ich sah und erlebte, was das für ein Mensch ist, in welchen Lebensumständen er lebt, und konnte detailliert dessen Erfahrungen abrufen. Das Gleiche war mir bei den vielen anderen Ich-Identitäten möglich. Wenn ich mich wieder auf den Mittelpunkt dieses Geschehens konzentrierte und mich im Zentrum meines Schöpfer-Selbst wiederfand, erlebte ich alle Eindrücke wie einen ständigen Strom der Energie und Information. Nun spürte ich auch den Kontakt mit anderen, ähnlichen Wesenheiten wie dem meines eigenen Schöpfer-Selbst. Diese Verbindung war eher wie eine riesige Datenautobahn von Licht. Unabhängig von Zeit und Raum wurden ständig Informationen ausgetauscht und ich fühlte mich in diesem Netzwerk des Bewusstseins sicher eingebettet. Es war ein großartiges Gefühl, in dieser erweiterten Realität angekommen zu sein. Es kam zu einer enormen Erweiterung meines Bewusstseins, wobei die Dimensionen von Zeit und Raum durchlässig wurden. Dieses Erlebnis hat mein Leben entscheidend verändert. Seitdem ist der Kontakt zu meinem Schöpfer-Selbst nie mehr abgerissen. Mein inneres Potenzial eröffnete sich mir und entfaltete sich in meinem Leben. Im Laufe der nächsten Jahre schälten sich die einzelnen Elemente des Prozesses *Schöpfer-Transformation* immer deutlicher heraus, bis er im Jahr 2008 die Form annahm, die er heute hat.

Im Vergleich zum Bewusstsein des Schöpfer-Selbst jedes Menschen, das klar und weit ist, ist jeder Bewusstseinszustand, den wir im Alltag haben, begrenzt und somit ein Trancezustand. Wie ich bereits beschrieb, besitzen alle Menschen Denk- und Gefühlsmuster, mit denen sie die Welt wie durch eine Art Filter wahrnehmen. Wir schränken unser Bewusstsein auf diese Weise ein, um als begrenzte Wesen auf diesem Planeten Erfahrungen für das umfassende Bewusstsein zu sammeln. Das Gesamtbewusstsein und wir mit ihm befinden uns mitten in einer Evolution. Stress und Anspannung sind in dieser Übergangszeit vor allem ein Ausdruck von Widerstand. Das begrenzte Ich wehrt sich gegen die Transformation. Es befürchtet die Auflösung von allem, was es kennt, und damit auch den eigenen Untergang.

Deshalb bedarf es Menschen, die den Mut haben, den Weg der Transformation und des bewussten Erschaffens zu gehen. Sie sind ein Modell für diesen Umwandlungsprozess, und zwar wegen ihres Seins, wegen dessen, was sie im Innersten ausmacht. Die Erschaffung eines erfüllten Lebens ist nicht nur Selbstzweck, sondern fördert einen Transformationsprozess, der zu einem globalen Erwachen führt.

Das umfassende Bewusstsein arbeitet in uns und wird durch uns tätig, indem es Gefäße erschafft, in die es hineinfließt und sich somit freiwillig begrenzt. Zum einen gibt es das begrenzte Ich, das als Gefäß andere Anteile der Persönlichkeit in Form von kleineren Gefäßen beherbergt; zum Beispiel Kindanteile wie das ängstliche oder das zornige Kind oder Beschützer- und Kontrollanteile, die nach einem Plan des inneren Perfektionisten funktionieren. Jedes Mal, wenn das umfassende Bewusstsein in solch ein Gefäß hineinfließt, wird dieser Anteil aktiviert und wir denken und fühlen in den Bahnen dieser begrenzenden Muster. So können wir auf vielfältigste Art und Weise die Welt erfahren, aus jeweils unterschiedlichen Blickwinkeln heraus. Jeder der Anteile nimmt die Wirklichkeit durch eine Art Filter wahr, sodass diese Wahrnehmung individuell und einzigartig, und zugleich sehr begrenzt ist. All das geschieht so im Sinne des umfassenden Bewusstseins, damit ein komplettes Bild der Wirklichkeit in diesen Dimensionen von Raum und Zeit entsteht. Somit ist jede einzelne Erfahrung ein wertvoller Beitrag für die Gesamtentwicklung des globalen Bewusstseins.

Das Schöpfer-Selbst eines jeden Menschen existiert als Teil des umfassenden Bewusstseins ebenfalls in einem Gefäß, aber diese Form ist unvorstellbar größer und verbundener als das Gefäß unseres begrenzten Ich. Es ist der größtmögliche individualisierte Ausdruck des Gesamtbewusstseins. Das Schöpfer-Selbst beinhaltet mehrere begrenzte Ich-Identitäten, die in unterschiedlichen Zeiten und an verschiedenen Orten als einzelne Menschen inkarniert sind. Eine Ich-Identität beschreibt hier also eine Inkarnation an einem bestimmten Ort und zu einer bestimmten Zeit. Auf der Ebene des Schöpfer-Selbst existieren alle Inkarnationen gleichzeitig, da hier Raum und Zeit nicht die gleiche Bedeutung haben wie für ein begrenztes Ich. Das Schöpfer-Selbst existiert außerhalb unserer beschränkenden Dimensionen von Raum und Zeit, es hat jedoch Zugang zu allen Erfahrungen der von ihm erschaffenen Ich-Identitäten. Dadurch, dass ein Teil des Bewusstseins des Schöpfer-Selbst in die einzelnen auf der Erde inkarnierten Personen fließt, lebt es somit auch zu einem Teil auf dieser Welt mit ihren Begrenzungen.

Unser inneres Selbst beinhaltet wie ein Samenkorn das größere und oft noch nicht entwickelte Potenzial eines Menschen, das aus dem Schöpfer-Selbst stammt. Je mehr sich Ihr Bewusstsein durch die Transformation alter Muster erweitert, desto mehr Zugang haben Sie zu diesem Potenzial. Das Samenkorn Ihres inneren Selbst keimt und entfaltet sich schließlich als wunderschöne Blüte. Das Gefäß, in dem das Schöpfer-Selbst als weites, aber individuelles Bewusstsein existiert, kann man sich ebenso wie unseren Bewusstseinsfokus als eine große Kugel vorstellen. Um diese Kugel herum sind die dazugehörigen Ich-Identitäten oder inkarnierten Personen ebenfalls als Kugeln dargestellt (s. Abbildung).

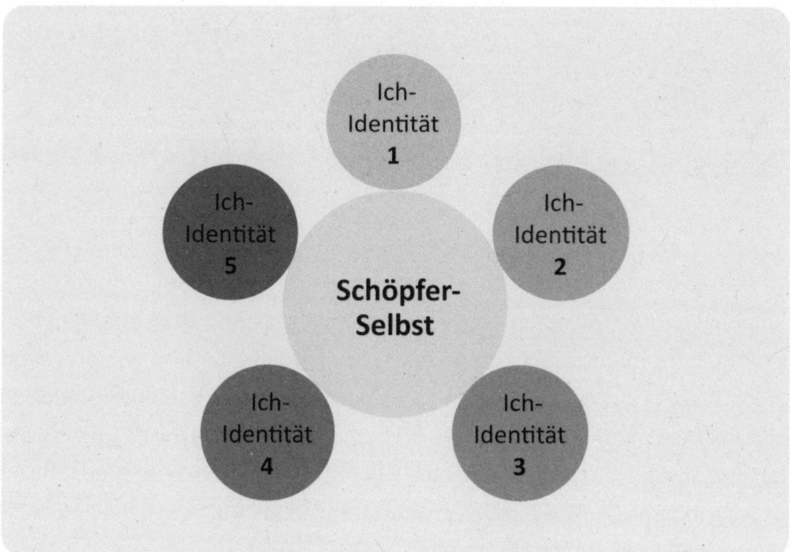

Ihr Schöpfer-Selbst existiert allerdings nicht alleine im weiten Raum. Es gibt in seinem Umfeld andere Kugeln – um in diesem Bild zu bleiben – mit denen es verbunden ist. Dies sind ebenfalls Schöpfer-Selbste mit den jeweils dazugehörigen Ich-Identitäten, die für Gruppen stehen, die als Erfahrungsteams und als Schöpfungsteams zusammenarbeiten. Konkret bedeutet dies, dass die begrenzten Ich-Identitäten der unterschiedlichen Schöpfer-Selbste als Menschen zu bestimmten Zeiten und Orten gleichzeitig inkarnieren. Gemeinsam sammeln sie Erfahrungen auf dieser Ebene von Zeit und Raum. Zusammen bilden die Kugeln der einzelnen Schöpfer-Selbste, die man als Planeten mit ihren Trabanten sehen könnte, eine größere, gemeinsame Kugel ähnlich einem Planetensystem (s. Abbildung).

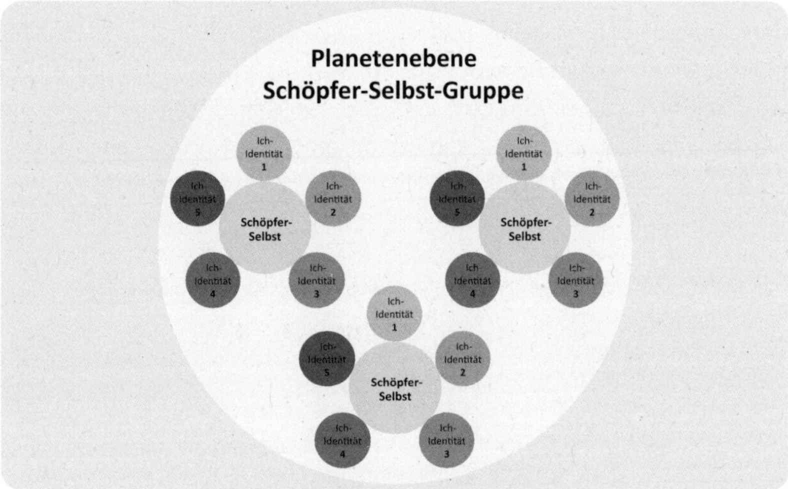

Jedes dieser Planetensysteme, bestehend aus miteinander in Kontakt stehenden Schöpfer-Selbsten, ist wiederum in Kontakt mit anderen Planetensystemen. Gemeinsam bilden sie eine neue, größere Einheit entsprechend einer Galaxie (s. Abbildung gegenüberliegende Seite). Verschiedene Galaxien bilden erneut gemeinsame Cluster bis hin zum gesamten Universum und beinhalten alle Informationen und das Bewusstsein aller existierenden Wesen. Es ist gleichsam ein unfassbar großes neuronales Netzwerk der Informationsverarbeitung und Zusammenarbeit.

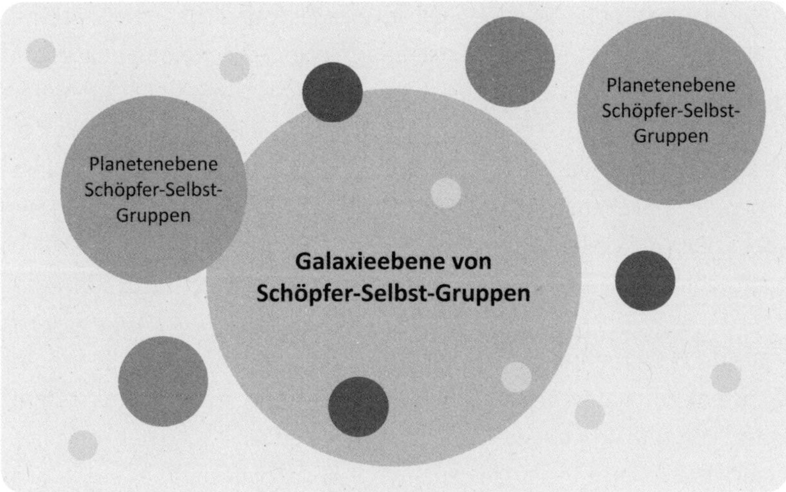

Ein Bild aus der Biologie veranschaulicht diesen Zusammenhang nochmals aus einer anderen Perspektive: Eine befruchtete Eizelle muss sich teilen, um durch viele Zellteilungen einen vollständigen Körper entstehen zu lassen. Ein Einzeller hat nur wenig Möglichkeiten und ist sehr simpel strukturiert. In jeder der Zellen sind wie in einem Hologramm alle Informationen enthalten, auch wenn es im Verlauf der Entwicklung spezialisierte Zellen gibt. Je weiter die Evolution voranschreitet, desto komplexer wird ein Organismus mit einer immer größeren Anzahl und Ausdifferenzierung von Zellen. Ähnliches findet sich bei dem allumfassenden Bewusstsein. Um umfassende Erfahrungen machen zu können, hat es sich entschieden, aus dem Schöpfer-Selbst weitere Entitäten zu entwickeln. Zu diesem Zweck wurden nochmals Gefäße geschaffen, in denen einzelne kleinere Bewusstseinseinheiten Erfahrungen sammeln können. Diese Entitäten machen uns als Menschen aus. Das heißt, Sie sind ebenfalls ein solches Geschöpf, geboren aus Ihrem Schöpfer-Selbst. Auch in Ihnen sind alle Informationen, die das umfassende Bewusstsein enthält, gespeichert. Sie sind wie jede Zelle Ihres Körpers ein Hologramm mit unbegrenztem Potenzial. Wenn wir bei diesem Bild bleiben, kann der menschliche Körper für das umfassende Bewusstsein in allen Formen, die Bewusstsein tragen, stehen. Die einzelnen Organe stehen jeweils für ein Schöpfer-Selbst, jede Zelle für die Ich-Identität eines Menschen. Jeder Mensch ist somit eine Zelle im Körper eines unfassbaren und großartigen Wesens, das sich in einer Evolution befindet. In unterschiedlichsten, spirituellen Traditionen, etwa in der Kabbala, wird ebenfalls beschrieben, dass die Schöpfung durch eine Selbstbeschränkung des göttlichen, unendlichen Seins eingeleitet wird und die göttliche Kraft in Form von Licht in die Welt fließt und so das erschafft, was Menschen als Realität wahrnehmen[16].

Bestätigt werden die geschilderten Zusammenhänge und Bilder unter anderem durch den Physiker und Bewusstseinsforscher Thomas Campbell[17]. Ihm zufolge ist Bewusstsein die Quelle und der Schöpfer von allem. Realität, also auch unser Universum mit allem, was darin existiert, wird durch Information erschaffen. Bewusstsein ist ein Informationssystem, das sich entwickelt, indem es Erfahrungen sammelt und diese sinnvoll verarbeitet. Untermengen (oder Zellen) von Bewusstsein, sogenannte individualisierte Bewusstseinseinheiten in Form von Menschen, entwickeln eine individuelle Untermenge an Bewusstsein und helfen auf diese Weise, das Ganze weiterzuentwickeln. Alle gemachten Erfahrungen fließen unmittelbar allen Menschen auf Basis einer nicht lokalen Informations- oder Bewusstseinsmatrix zu. Diese Informationsmatrix wird unterschiedlich bezeichnet, zum Beispiel als Akasha-Chronik, Akasha-Feld oder als alles verbindendes Holofeld, in dem Informationen nicht-lokal und in Nullzeit ausgetauscht werden. Ervin Laszlo beschreibt dieses Phänomen in seinem Buch „Der Akasha-Code", wie das kosmische Bewusstseinsfeld uns beeinflusst. Das Akasha-Feld ist ein Informationsfeld, das alle Wesen miteinander verbindet. Auf diese Weise findet ein ständiger Informationsaustausch statt. Vergangenheit, Gegenwart und Zukunft sind in diesem Feld enthalten. Demnach sind wir von Natur aus in einer Quell-Intelligenz verwurzelt und Erben eines kosmischen, multidimensionalen Bewusstseins. Andere Bezeichnungen für diese Matrix, dieses Feld, sind höherdimensionaler Quantenraum, Hyperraum oder die Hintergrundstrahlung des Universums. Trotz unterschiedlicher Bezeichnungen stehen sie alle für das gleiche Phänomen:

Alles, was an Informationen in dieser Matrix, diesem Feld ausgetauscht wird, ist Teil des umfassenden Bewusstseins. Auch für dieses gibt es unterschiedliche Bezeichnungen wie kosmisches Bewusstsein, Quantenbewusstsein oder Quantengeist, die alle dasselbe meinen. Das umfassende Bewusstsein existiert unabhängig von unseren Körpern und Gehirnen, ja, mehr noch: Es erschafft diese zum Zwecke der Erfahrung[18].

Unser physischer Körper basiert auf einer Vielzahl von Bewusstseinsfeldern, die ständig miteinander interagieren und Informationen austauschen. Diese Felder sind Bestandteil einer lebenden Informationsmatrix, eines menschlichen Hologramms. Jede einzelne Zelle unseres Körpers bildet eine Art Gefäß für Bewusstsein, sie besitzt also Bewusstsein. Zellen bilden Zellverbände bis hin zu Organsystemen, die wiederum ein größeres Gefäß für Bewusstsein darstellen und mit allen Zellen in Verbindung stehen. Auch hier greift wieder die Planetensystem-Analogie, diesmal jedoch im kleinen Maßstab. Übergeordnet existiert das Gesamtkörperbewusstsein, das in seinem Gefäß die kleineren Gefäße der Organsysteme und der Zellen beherbergt. Die Kommunikation, der Austausch der einzelnen Bereiche des Körpers untereinander, erfolgt ebenfalls über eine Informationsmatrix, über die sich alle Zellen des Körpers nahezu in Nullzeit austauschen.

Der Informationsaustausch innerhalb und zwischen den Feldern aus Bewusstsein und Energie erfolgt in dieser begrenzten Dimension von Raum und Zeit auf unserem Planeten mithilfe von Biophotonen-Licht und Trägerfrequenzen unter anderem im Megahertz-Bereich. Alle Zellen des menschlichen Körpers besitzen außerdem Antennen zum Kosmos, zu einem Informationsspeicher innerhalb der Matrix, die uns alle verbindet. Hier existieren der Bauplan und die Informationen für die korrekte Funktionsweise aller Elemente des physischen Körpers. Ein Teil unserer DNA bildet diese Antennen. Die korrekte Reproduktion der DNA bei der Zellteilung und die ideale Funktionsweise des gesamten Körpers ist vom ständigen Empfang dieser Informationen abhängig. Die DNA jeder Zelle sendet, wie zahlreiche Forschungen in den letzten Jahren bewiesen haben, Informationen unter anderem in Form von Lichtphotonen aus und empfängt Informationen.[19] Der russische Biophysiker und Molekularbiologe Dr. Pjotr Garjajev und sein Team bewiesen zwischen 2001 und 2005 in einer Reihe von Experimenten, dass die DNA-Information eines gesunden Organs etwa der Bauchspeicheldrüse mittels Aktivierung durch einen Laserstrahl auf die DNA eines erkrankten Organs übertragen werden kann. Die Zellen des erkrankten Organs heilten durch diese Information. Der Nobelpreisträger für Medizin Dr. Luc Montagnier gab 2010 wiederum bekannt, dass er experimentell bewiesen habe, dass unsere DNA Informationen zu entfernten Zellen übertragen kann. Diese können dann über Enzyme die ursprüngliche DNA duplizieren.

Auch neuere Forschungsergebnisse aus dem Bereich der Epigenetik beweisen, dass die Funktionsweise unserer Zellen nicht ausschließlich von den Genen, sondern vor allem auch von unserem Geist, von unseren Gefühlen und Überzeugungen beeinflusst wird. So ist beispielweise der Biologe Bruce Lipton davon überzeugt, dass unsere Evolution nicht auf Zufall beruht, sondern von einem kollektiven, kooperativen Bewusstsein gesteuert wurde und wird.[20] Er vertritt die Auffassung, dass wir Menschen einen enormen Einfluss auf unser Schicksal und unsere Weiterentwicklung als Spezies haben. Je mehr Menschen ihr Bewusstsein erweitern, desto bewusster können wir unsere eigene Evolution steuern. Dann sind Phänomene wie Spontanheilungen keine Seltenheit mehr, und wir können gemeinsam etwas völlig Neues hier auf der Welt erschaffen. Davon bin auch ich überzeugt und der Prozess *Schöpfer-Transformation* unterstützt diese notwendige Bewusstseinserweiterung.

In unserem Körper existieren winzige, tunnelförmige Strukturen, die Mikrotubuli genannt werden. In jeder Zelle existieren diese winzigen tunnelförmigen Strukturen im Zellskelett, sie kommen jedoch gehäuft in Nervenzellen und im Gehirn vor. Diese sind so klein, dass in ihnen Quanteneffekte geschehen können. Der Arzt Stuart Hameroff und der Physiker Roger Penrose sind führend in diesem Forschungsbereich. Sie gehen davon aus, dass wir durch diese Mikrotubuli Zugriff auf nicht lokale Realitäten und

Informationen haben – sie bilden eine Brücke von der Quantenwelt zur klassischen Welt von Raum und Zeit. Über diese Strukturen in unseren Zellen können wir auf das Informationsnetzwerk des umfassenden Bewusstseins in Nullzeit zugreifen, unabhängig von Raum und Zeit. Wir empfangen und verarbeiten „Quanteninformationen" oder Raumenergie unmittelbar vom Universum.[21] Vor Kurzem stellten sie die Hypothese auf, dass die im EEG abgeleiteten Gehirnwellen von Vibrationen der Mikrotubuli verursacht werden. Offenbar korrespondieren unsere unterschiedlichen Gehirnfrequenzen mit verschiedenen Bewusstseinszuständen. Das kann darauf hinweisen, dass sich das umfassende Bewusstsein über die Informationsmatrix, die uns alle miteinander verbindet, messbar auf unser Gehirn und unseren Bewusstseinszustand auswirkt. Inzwischen sind Wissenschaftler davon überzeugt, dass es einen konstanten und harmonischen Austausch von Informationen zwischen uns allen gibt, zwischen allen bewussten Wesen und dem unsichtbaren Feld des universellen Bewusstseins.[22] Dieser Prozess wird Resonanz genannt.

Dieses Feld des universellen Bewusstseins oder die Informationsmatrix, wie ich es nenne, wird durch den Kontakt mit unseren Körpern unablässig auf den neuesten Stand gebracht und speichert all unsere Erfahrungen. Auf diese Weise trägt jede Handlung, jeder Gedanke und jedes Gefühl in jedem unserer einzigartigen Leben in ganz besonderer Weise zu diesem universellen, zeitlosen Feld des Bewusstseins bei. Während jeder von uns sich entwickelt, entwickelt sich auch dieses Feld. Jeder Mensch ist demnach eine Art Puzzlestück, ein wichtiges Teil zur Vervollständigung des Gesamtbildes. Gleichzeitig trägt er nicht nur seine eigenen Erfahrungen in sich, sondern hat (zumeist unbewusst) Zugang zu den Erfahrungen aller anderen Menschen. Jeder trägt das Gesamtbild wie ein Hologramm in sich. Wie dieses Gesamtbild aussieht, weiß niemand. Denn bislang sind unsere Möglichkeiten und Potenziale nicht einmal annähernd erforscht. Fest steht aber: Wir alle sind ein Wunder, erschaffen von einer unfassbaren Intelligenz, von der wir zugleich ein Teil sind. Ich möchte Sie einladen, an dieser Entwicklungsreise teilzuhaben und mithilfe von *Schöpfer-Transformation* Ihr inneres, schöpferisches Selbst zu entdecken und sich mit dem umfassenden Bewusstsein zu verbinden. Denn dieses umfassende Sein stellt Ihnen nahezu unerschöpfliche Ressourcen zur Verfügung, die Sie unmittelbar im Alltag nutzen und die umfassenden Auswirkungen davon sehen und spüren können.

Zusammenfassung

1. Globales Bewusstsein ist ein Ausdruck des uns alle innewohnenden umfassenden Bewusstseins – auch kosmisches Bewusstsein, Quantenbewusstsein oder Quantengeist genannt –, das sich im einzigartigen Selbst jedes einzelnen Menschen zeigt.
2. Bewusstsein ist die Quelle und der Schöpfer von allem. Es ist ein Informationssystem, das sich entwickelt, indem es Erfahrungen sammelt und diese sinnvoll verarbeitet. Wir alle tragen zu der Entwicklung dieses umfassenden Bewusstseins bei. In unserer einzigartigen Übergangszeit ist dieser Prozess des Erfahrungssammelns weitgehend ausgeschöpft – wir können erwachen!
3. Ihr Schöpfer-Selbst ist der größtmögliche individualisierte Ausdruck des umfassenden Bewusstseins und mit allem verbunden. Informationen werden in Nullzeit, unabhängig von Raum und Zeit, ausgetauscht.

Übung

Setzen oder legen Sie sich hin. Schließen Sie die Augen und nehmen Sie wahr, an welchen Stellen Ihr Körper den Stuhl oder die Unterlage berührt. Achten Sie auf Ihren Atem, darauf, wie er ruhig und regelmäßig ein- und ausfließt. Mit dem Ausatmen können Sie überflüssige Anspannung loslassen. Während Sie auf den Atem achten, überlassen Sie ihn immer mehr dem Rhythmus des Körpers, ohne ihn bewusst beeinflussen zu wollen. Machen Sie sich bewusst, dass Ihr Körper mit all seinen Organen und einzelnen Zellen in diesem Moment ohne Ihr bewusstes Zutun sehr gut funktioniert. Stellen Sie sich vor, dass dies nur möglich ist, indem ständig Informationen überall im Körper nahezu ohne Zeitverlust ausgetauscht werden. Nehmen Sie das Energie- und Informationsfeld wahr, das Sie umgibt, und das Ihren ganzen Körper durchdringt. Spüren Sie durch den Kontakt mit Ihrem inneren Selbst ein wachsendes Vertrauen in diesen unablässigen Prozess des Informationsaustausches. In diesem wohlwollenden Bewusstsein liegt der Schlüssel zur Selbstheilung.

Wenn Sie wollen, stellen Sie sich nun vor, dass Sie eine Zelle im allumfassenden Bewusstsein sind, welches einen unvorstellbar großen Körper hat. So wie Ihre eigenen Zellen sich ohne Ihr bewusstes Zutun ständig austauschen und dadurch optimal funktionieren, so tauschen Sie sich jetzt mit all den anderen Zellen im Gesamtbewusstsein aus. Sie können sich selbst als Teil innerhalb dieses unglaublich großen Informationsnetzwerkes sehen. Sie sind verbunden und immer auf dem neuesten Stand. Gleichzeitig geben Sie durch Ihre Erfahrungen eine Menge in das Gesamtsystem hinein, was dankbar aufgenommen wird. Fühlen Sie, wie es ist, Teil von etwas so Großem zu sein.

9 | Persönliche Transformation: Das Schöpfer-Selbst

Wir alle sind Teil von etwas Großem, das uns mehr Ressourcen zur Verfügung stellt, als wir ahnen. Immer mehr Menschen spüren, dass sie Ausdruck eines uns allen innewohnenden, umfassenden Bewusstseins sind. Ich möchte Ihnen in diesem Kapitel aufzeigen, welche Auswirkungen der Transformationsprozess in Ihrem Leben ganz konkret haben kann.

Wir alle leben in einer Übergangszeit, in der sich unsere begrenzten Sichtweisen und alten Muster immer mehr transformieren. Es geht dabei um nichts anderes als um die Vervollständigung und Vollendung aller Erfahrungen, die Menschen im Rahmen ihres begrenzten Ich gemacht haben. Der Prozess *Schöpfer-Transformation* kann das enorm beschleunigen und erleichtern. Viele der alten Erfahrungsinhalte, etwa das Gefühl des Getrenntseins, Konkurrenzdenken, Gewalt und Krieg, sind für die Evolution des Gesamtbewusstseins heute nicht mehr notwendig. Das bedeutet, dass sich die Welt und unser Leben, wie wir es kennen, grundlegend verändern wird. Da das uns alle verbindende Bewusstsein entschieden hat, den alten Zyklus der Begrenzung zu beenden, bieten sich uns nun völlig neue Möglichkeiten der Erfahrung. Manche sprechen in diesem Zusammenhang von einem Aufstieg in eine höhere Daseinsform. Nach dieser Theorie verlassen wir diese dreidimensionale Welt, um auf einer neuen, feinstofflicheren Existenzebene weiterzuleben. Ich sehe das anders. Alle Menschen mit einem erweiterten inneren Selbst und transformierten alten Mustern machen weiterhin Erfahrungen hier auf der Erde und in diesem Körper. Dies geschieht jedoch zunehmend in einem erweiterten Bewusstsein und außerhalb der uns bekannten Trancezustände. Das entspricht einem Leben in der fünften Phase der Bewusstseinsentwicklung, wie ich es beschrieben habe. Unterstützt wird diese umfassende Veränderung durch die Transformationskraft des allumfassenden Bewusstseins. Wenn Sie von dieser transformativen Energie berührt werden, können Sie immer öfter einen evolutionären Impuls spüren, Anspannung loszulassen und sich dem hinzugeben, was Sie wirklich ausmacht: Dem einzigartigen inneren Selbst als Teil des Schöpfer-Selbst, das sich auf sanfte und gleichzeitig kraftvolle Weise in den noch vorhandenen Strukturen des begrenzten Ich manifestieren und ausdrücken möchte. Es kommt dabei jedoch nicht zur Auflösung Ihres Ich, sondern zu einer Erweiterung und Anbindung an Ihr größeres Potenzial.

Viele Menschen erkennen zunehmend, dass sie Teil eines Ganzen sind und einen wichtigen Beitrag durch ihre erlebte Erfahrung leisten. Auf einer tieferen Ebene sind wir alle miteinander verbundenen und tragen zur Entwicklung dieses umfassenden Bewusstseins bei. Der Physiker und Biologe Ulrich Warnke schreibt in seinem Buch „Quantenphilosophie und Spiritualität", dass sich das universelle Bewusstsein aus dem Bewusstsein aller Wesen zusammensetzt und dass es die Summe sämtlicher bewusster Momente aller Einzelwesen enthält. Dieses Bewusstsein bewirkt aus seiner Sicht die universelle Schöpferkraft. Mithilfe des von mir entwickelten Prozesses *Schöpfer-Transformation* können Sie den Transformationsprozess, der auf globaler Ebene in vollem Gange ist, beschleunigen und intensivieren. Der globale Prozess der Veränderung wird noch einige Zeit brauchen, bis er beendet ist, da die Widerstände gegen das Neue groß sind. Sie selbst hingegen können gezielt und auf leichte Art und Weise Ihre begrenzenden, alten Muster transformieren und sich auf diese Weise schon jetzt ein erfülltes Leben erschaffen. Dabei hat Ihre Entwicklung direkte Auswirkung auf den globalen Prozess der Transformation, der dadurch beschleunigt wird. Das heißt, Sie können eine Art Vorreiterposition einnehmen, die allen hilft.

Zunächst einmal hat Ihre persönliche Transformation vom begrenzten Ich zum Schöpfer-Selbst jedoch ganz konkrete Auswirkungen in Ihrem Leben. Erwachte Menschen in Phase 5 der menschlichen Bewusstseinsentwicklung empfinden Qualitäten wie **inneren Frieden** anders als in den früheren Phasen, in denen sie zwar manchmal spürbar sind, aber stets nur für kurze Zeit. Da in der fünften Phase keine alten Muster mehr das Bewusstsein einschränken, ist das anhaltende Erleben inneren Friedens erst hier wirklich möglich. Auf körperlicher Ebene erfolgt ein tiefer, vegetativer Ausgleich. Das wiederum führt zu positiven psychosomatischen Konsequenzen wie gutem Schlaf, Entspannung und einer ausgeglichenen Gefühlslage.

Auch die Kreativität ist bei Weitem besser zugänglich, da kontrollierende Muster nicht andauernd in den Gedanken auftauchen. Der innere Kritiker, der Perfektionist und der innere Antreiber geben Ruhe. Diese inneren Teile haben durch die Arbeit mit dem Prozess *Schöpfer-Transformation* erkannt, dass sie momentan keine Aufgabe mehr zu erfüllen haben. Sie müssen nicht mehr dafür sorgen, dass Erfahrungen gemacht werden, um ein Muster zu vervollständigen. Letztlich sind sie nur deswegen entstanden, um hierbei eine Hilfe zu sein. Sie waren niemals Ihr Feind. Das gilt übrigens für alle inneren Anteile wie etwa das verletzte, innere Kind oder den inneren Täter. Sobald Ihre inneren Teile bemerken, dass Muster transformiert worden sind, können sie sich entspannen.

Liebe in Form von **Selbstliebe** wird in der fünften Phase ebenfalls anders erlebt als in den ersten Phasen der Bewusstseinsentwicklung. Während sie dort als Selbstfürsorge, Aufmerksamkeit für sich selbst und Bedürfniserfüllung erscheint, wird sie in Phase 5 als dauerhafter Begleiter erlebt. Nun taucht in allen Lebenssituationen ein inneres Lächeln für sich selbst ebenso wie ein inneres Wohlwollen für das Gegenüber auf. Beides ist die automatische Folge der Transformation alter Muster. Essenzielle Qualitäten des inneren, erweiterten Selbst müssen nicht erlernt und trainiert werden. Sie sind von Anfang an gegeben. Wir wachsen nur wieder in dieses Feld der Möglichkeiten hinein und schließen uns an die großartigen Empfindungen und Gefühlsmöglichkeiten der umfassenden Realität an.

Schauen wir uns an, wie es ist, sich für die **Liebe** von anderen Menschen zu öffnen. Denn auch dieser Bereich wird in der fünften Phase anders erlebt als in den Phasen zuvor. Während vorher immer Blockaden vorhanden waren, die ein Empfangen der Liebe des anderen behinderten, wird dies in der fünften Phase ohne Einschränkung möglich. Auch das Fließen unserer Liebe zu anderen Menschen, die aus der Selbstliebe gespeist wird, zeigt sich hier anders. Jetzt ist es jemandem möglich, die Essenz eines anderen Menschen zu sehen und wahrzunehmen. Er erscheint nicht mehr als getrenntes Wesen, das alte Muster in uns auslöst. Wenn Ihr Bewusstsein wie in Phase 5 erweitert ist, sehen Sie im anderen etwas Besonderes, etwas Einzigartiges und gleichzeitig sehr Verbindendes. Sie sehen, dass er einen einzigartigen Beitrag für das Gesamtbewusstsein leistet; ganz gleich, ob es sich um einen Politiker, einen Künstler oder einen Obdachlosen handelt. Sie werden keinen Unterschied mehr machen, da auch das umfassende Bewusstsein keinerlei Unterschiede macht. Alle Erfahrungen sind gleich wichtig und wertvoll. Ein Mensch der fünften Phase schaut hinter die Fassade und sieht die großartigen Leistungen, die jeder Einzelne vollbringt, nämlich Erfahrungen für das gesamte Bewusstsein zu sammeln. Wenn ein erwachter Mensch das Leiden in anderen Menschen wahrnimmt, wird er Mitgefühl empfinden. Er wird alles tun, um in Zusammenarbeit mit anderen erwachten Menschen eine Verbesserung der Situation zu erreichen und allen Menschen zu ermöglichen, aus dem Schlaf der Illusion zu erwachen.

Erwachten Menschen eröffnen sich ganz neue Dimensionen der **Kommunikation**. Sie nehmen ihr Gegenüber auf einer tieferen als der verbalen oder visuellen Ebene wahr. Es öffnen sich neue Kanäle, die Spiegelneuronen werden aktiviert und ein tiefes Mitfühlen, ein intuitives Verstehen ist möglich. Dadurch wird das Gegenüber anders wahrgenommen und gefühlt, was an sich schon eine heilsame Wirkung hat.

Durch die Blockaden, die ein Mensch in den ersten Phasen hat, ist es ihm nicht möglich, sein volles Potenzial zu entfalten. Die alten Muster und Begrenzung verhindern dies. In der Zeit der Transformation hingegen ist es so, dass Menschen in der fünften Phase vollen Zugang zu ihrem Potenzial erhalten. Das schließt auch **Weisheit und Kreativität** mit ein. Wenn Sie sich in dieser Phase befinden, haben Sie Zugang zu den Erfahrungen und dem Wissen des eigenen Schöpfer-Selbst und aller damit verbundenen Inkarnationen. Darüber hinaus haben Sie Verbindung zu allen anderen Schöpfer-Selbsten und deren Erfahrungen. Dies ist vergleichbar mit einem kosmischen Internet. Zudem werden die Bereiche des Gehirns, die wir bisher nicht genutzt haben, nach und nach aktiviert. Dadurch wird neben den ausgleichenden Alpha- und Thetafrequenzen auch immer mehr Gammafrequenz im Gehirn erzeugt. Bei Mönchen oder Künstlern, die bereits lange Zeit meditieren oder kreativ sind, zeigen sich häufig Gammawellen, die eine hohe Synergie und Kohärenz der Denkvorgänge anzeigen. Gleiches ist bei Menschen in der fünften Phase der Fall. Das heißt, nahezu alle Gehirnzellen, alle Neuronen schwingen im gleichen Takt. Zuvor haben alte Muster das verhindert. Deswegen sind Menschen in den ersten Phasen hauptsächlich in der schnelleren Betafrequenz, was dem Stressmodus gleichkommt. Sie befinden sich häufiger im Reptiliengehirn und limbischen System als im Bereich des Stirnhirns. Das ändert sich in der fünften Phase, in der bei Menschen mehr das Frontalhirn, das Herz- und Bauchgehirn aktiviert sind. Diese Zentren befinden sich in Kohärenz miteinander. Durch das gemeinsame harmonische Schwingen und den ständigen Austausch der Zentren werden alte Muster, die im limbischen System sitzen, verstärkt transformiert.

Auch **Freude** wird nun ganz anders empfunden. In den ersten Phasen freuen sich Menschen, wenn sie ein Ziel erreicht oder Bedürfnisse gestillt haben, die zu diesem Zeitpunkt wichtig sind. Das sind nicht nur die Grundbedürfnisse, sondern es geht auch darum, Süchte zu befriedigen. Wenn das innere Kontroll-Ich oder die Notfallhelfer es geschafft haben, Sie über Drogen oder andere Mechanismen wieder in die Komfortzone zu führen, empfinden Sie Freude. Das Gefühl der Freude wird innerhalb der fünften Phase gänzlich anders erlebt. Es ist nun eine Freude, die unabhängig von äußeren Ereignissen oder der Befriedigung bestimmter Bedürfnisse ist. Natürlich haben wir in dieser Phase weiterhin Bedürfnisse und sind dankbar und freuen uns, wenn sie erfüllt werden. Aber die Freude, die ich meine, ist unabhängig davon. Sie taucht aus dem Inneren auf und ist verbunden mit den Essenzqualitäten des inneren, erweiterten Selbst. Sie ist stark und kann sich ausweiten und andere Menschen berühren.

Auch das „**Flow-Empfinden**“, ein **Gefühl der Lebendigkeit** auf allen Ebenen, ist in der fünften Phase immer mehr spürbar. Aufgrund der früheren Blockaden durch die alten Muster sind viele Menschen in den ersten Phasen der Bewusstseinsentwicklung sehr verspannt. Auf körperlicher Ebene fließt die Energie nicht richtig, ebenso wenig auf der energetischen und der Meridianebene. Menschen in den ersten Phasen fühlen sich nicht im Fluss. Selbst wenn sie Dinge tun, die ihnen früher Freude machten, verstärken und verfestigen sich mit zunehmenden Alter die alten Muster, die Blockaden werden größer.

Menschen in der fünften Phase fühlen sich hingegen befreit von diesen Blockaden und spüren sowohl energetisch als auch körperlich viel mehr Lebendigkeit. Sie sind wieder neugieriger, und ihre innere Haltung gleicht einem Anfängergeist, wie er oft bei Kindern zu finden ist. Das, was ein erwachter Mensch früher automatisch und konditioniert gemacht hat, tut er jetzt mit einer ganz anderen Aufmerksamkeit im Hier und Jetzt. Die meisten Menschen in den ersten Phasen sind nicht wirklich bei sich und mit den Gedanken immer gleich woanders. Es hilft auch nicht, durch reine Übung den Zustand erreichen zu wollen, im Hier und Jetzt zu sein. Das gelingt nur durch eine Transformation der alten Muster und Blockaden und das Erblühen des inneren Selbst. Dann entfällt jede Form der Übung. Ein erwachter Mensch kann zum Beispiel einen Spaziergang in der Natur ganz anders genießen als zuvor. Er nimmt die Luft anders wahr, das Gehen, alle Sinneseindrücke. Wenn er eine Blume sieht und daran riecht, dann ist das eine essenzielle Erfahrung für ihn. Es kann auf ihn so wirken, als würde er diese Erfahrung das erste Mal machen. Denn jetzt ist nicht länger nur das begrenzte Ich daran beteiligt, sondern auch das innere, erweiterte Selbst. Viele Erfahrungen erlebt das innere Selbst durch diesen jetzt durchlässigen Menschen ganz neu, auf eine befreite Art und Weise.

Menschen, die erwacht sind, sind häufig prädestiniert dazu, geistige und spirituelle Lehrer oder Ratgeber zu werden. **Natürliche Autorität und Souveränität**, die ein erwachter Mensch ausstrahlt, ist nicht zu verwechseln mit der Macht- oder Überlegenheitstrance aus den ersten Phasen der Bewusstseinsentwicklung. Dort wird versucht, ein Macht- oder Überlegenheitsgefühl als Kompensation von Selbstwertproblemen zu schaffen. Ganz anders bei einem Menschen in der fünften Phase: Die natürliche Autorität und Souveränität entsteht hier durch das Präsentsein des erwachten, inneren Selbst und durch das Potenzial, das in ihm spürbar ist. Ein Mensch in der fünften Phase strahlt dies aus, und andere Menschen erkennen, dass etwas Besonderes in ihm ist. Zugleich wird etwas in ihnen angestoßen, das in ihnen selbst vorhanden ist. Sie gehen in Resonanz. Sie spüren die verbundene Intelligenz und Kreativität, die dieser Mensch ausstrahlt ebenso wie das Mitgefühl und die Liebe und entspannen sich bei einer Begegnung innerlich.

Die persönliche Transformation vom begrenzten Ich zum Schöpfer-Selbst bewirkt außerdem die **Manifestation von Wünschen.** Wenn sich jemand in den ersten drei Phasen der Bewusstseinsentwicklung etwas wünscht, geschieht dies zumeist aus einem Gefühl des Mangels heraus. In der Regel sind die inneren Anteile und die alten Muster an dem Wunsch beteiligt, die paradoxerweise oftmals gleichzeitig dafür sorgen, dass sich der Wunsch nicht erfüllt. Wenn Sie sich dagegen in Phase 5 befinden und sich etwas wünschen, dann kann sich Ihr Wunsch viel schneller und nachhaltiger erfüllen, da er nicht aus einem Gefühl des Mangels entstanden ist. Innere Anteile und Muster wurden transformiert und haben keinen blockierenden Einfluss mehr. Jetzt geht es beim Wünschen um eine schöne Erfahrung und eine Bereicherung Ihres Lebens, nicht darum, etwas ganz dringend zu brauchen. Wenn Sie an Ihre Schöpferkraft angeschlossen sind und Ihr Bewusstsein erweitert ist, werden im Übrigen ganz andere Wünsche auftauchen als beim Wünschen aus einem Gefühl des Mangels heraus.

Übung

Setzen Sie sich an einen ruhigen und schönen Ort und denken Sie an eine Frage zu einem Thema, das Ihnen wichtig ist. Meditieren Sie mit dieser Frage und lassen Sie alle Bilder und Gedanken hierzu auftauchen. Finden Sie so intuitive Antworten. Schreiben Sie anschließend auf, was Ihnen in den Sinn gekommen ist.

Zusammenfassung

1. Während unserer transformativen Zeit machen Menschen mit einem erweiterten Selbst und transformierten alten Mustern weiterhin Erfahrungen hier auf der Erde und in diesem Körper; jedoch immer häufiger in erweitertem Bewusstsein und außerhalb der bekannten Trancezustände.
2. Dadurch wird es möglich, dass die essenziellen Qualitäten des erweiterten Selbst ganz neu erlebt werden können. Innerer Friede, Freude und Glück, die Kommunikation mit anderen Menschen, Kreativität und Weisheit werden qualitativ anders erlebt als in den ersten Phasen der Bewusstseinsentwicklung.
3. Die Verwirklichung Ihrer Wünsche und damit die Erschaffung eines erfüllten Lebens ist durch den Zugang zu Ihrem erweiterten Potenzial viel schneller und effektiver möglich. Begrenzende Muster und Trancezustände stellen keine Hindernisse mehr dar.

10 | Die Elemente der Schöpfer-Transformation

Der Prozess der *Schöpfer-Transformation*, den ich nach meinem lebensverändernden Erlebnis des Erwachens entwickelt habe, ist auf die Transformationsenergien der heutigen Zeit zugeschnitten. Mit dem Fünf-Schritte-Prozess sind Sie in der Lage, alle auftauchenden Widerstände und Schwierigkeiten zu transformieren und sich so ein erfülltes Leben zu erschaffen. Sie haben es selbst in der Hand, ob Sie Ihre Träume tatsächlich realisieren. Ich möchte Sie dazu ermutigen, jeden Tag mit Ihren Zielen, Träumen und Wünschen in Kontakt zu treten, um die Verbindung zu diesen neuen Realitäten zu verstärken. Im Folgenden stelle ich Ihnen den Hintergrund und die Bedeutung jedes einzelnen der fünf Schritte des Prozesses vor. Zu jedem Schritt schlage ich Ihnen in Vorbereitung auf den dritten Teil des Buches, in dem Sie die praktische Anleitung für die *Schöpfer-Transformation* vorfinden, Übungen vor, die Ihnen die erfolgreiche Umsetzung des Prozesses erleichtern.

10.1 Erwachen Sie aus der Alltagstrance: Ankommen im Hier und Jetzt

Solange Sie sich in einem Trancezustand befinden, ist es sehr schwierig alte Muster aufzulösen. Es ist zunächst wichtig, aus diesem Zustand ins Hier und Jetzt zu gelangen. Wenn Sie sich in einem alten Muster befinden, was einem Trancezustand gleichkommt, und Sie mit diesem Zustand unzufrieden sind, möchten Sie ihn verändern. Wenn Sie dies täten, solange sie sich weiterhin in dem Trancezustand befinden, würde die Veränderung jedoch nur von kurzer Dauer sein – falls sich überhaupt etwas veränderte. Sehr viele Methoden setzen auf spezifische Übungen, um einen unerwünschten Zustand zu verändern. Oft wird dabei allerdings nicht berücksichtigt, dass sich der Betroffene in einem Trancezustand befindet. Diesen eingeschränkten Bewusstseinszustand kann man sich als eine Art Blase vorstellen. Alles, was jemand, der sich in einer Blase befindet, versucht, kann nur sehr begrenzt wirken. Er wird letztendlich in seinem bisherigen Zustand verbleiben. Es ist also ein Wechsel der Ebene erforderlich, ein Heraustreten aus dem Trancezustand, damit überhaupt eine wirkliche Veränderung stattfinden kann.

Nehmen wir **Sven** als Beispiel. Sven befindet sich in einer Verlassenheitstrance, einer Unterform der Trennungstrance. Er fühlt sich abgeschnitten, sehr allein und hat kaum Zugang zu seinen eigenen Fähigkeiten. Stellen wir uns vor, Sven befolgt nun den verbreiteten Ratschlag, sich in positivem Denken zu üben: „Ich bin nicht allein, ich bin verbunden, andere Menschen mögen mich“, lautet seine Affirmation. Dieser Ansatz wird allerdings nur zu einer momentanen Verbesserung seiner Stimmung führen. Am Gesamtzustand ändert sich wenig. Sven könnte auch andere Verhaltensweisen ausprobieren, zum Beispiel mehr unter Leute gehen oder Veranstaltungen, Seminare und Kurse besuchen. Solche Versuche könnten zwar ebenfalls zu einer momentanen Verbesserung seiner Stimmung führen, doch der Gesamtzustand würde kaum verändert, da Sven im Trancezustand des Alleinseins verbleibt. Es ist so, als ob er in seiner Einsamkeit Besuch bekommt, aber nicht wirklich dazugehört. Es ist wichtig, dass Sven zunächst aus dieser Blase heraustritt, um dann in einen anderen Zustand zu gelangen. Es ist erforderlich, dass er aus dem Zustand der Verlassenheitstrance so weit wie möglich erwacht.

Was ist mit Menschen in einer Partnerschaft, in der beide sich in einem Trancezustand befinden? Nehmen wir an, beide Partner befinden sich in einer Minderwertigkeitstrance. Sie beide haben jemanden gesucht, der sie bestätigt. Dies ist im folgenden Schaubild symbolisch durch zwei Kugeln dargestellt. Die Schnittmenge der beiden Kugeln bildet den Bereich in der Partnerschaft, in dem beide sich dem jeweils anderen anpassen und sich gemeinsam in einer Anpassungstrance befinden.

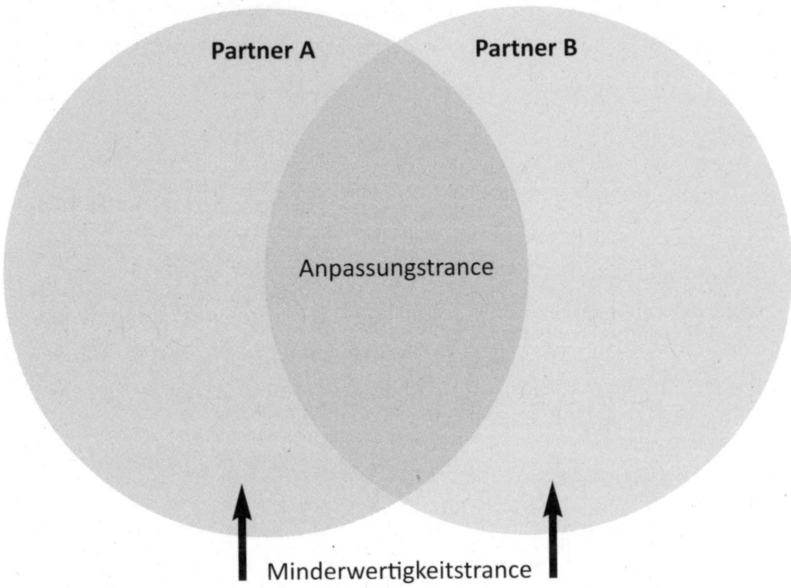

Zusammenfassung

1. Die Veränderung eines unerwünschten Zustandes durch spezifische Übungen ist sehr begrenzt und nur von kurzer Dauer, solange man sich weiterhin in einem Trancezustand befindet.
2. Es ist zunächst ein Wechsel der Ebene erforderlich, ein Heraustreten aus dem Trancezustand, damit Veränderung stattfinden kann.

Übung

Veränderungsversuche bewirken wenig, solange Sie sich in einer Tranceblase befinden. Allerdings ist es eine nützliche Übung, die Aufmerksamkeit zu lenken, um gegenwärtig zu sein. Bauen Sie Zeiten in Ihrem Alltag ein, in denen Sie den Fokus Ihrer Aufmerksamkeit bewusst auf das Hier und Jetzt richten.

Essen Sie bewusst

Wenn Sie essen, dann essen Sie. Tun Sie nichts anderes dabei. Wenn Ihre Gedanken abschweifen, dann richten Sie die Aufmerksamkeit immer wieder auf den Geschmack der Speisen und auf das bewusste Kauen der Nahrung.

Gehen Sie aufmerksam

Gehen Sie in die Natur und nehmen Sie alle Eindrücke der Umgebung mit all Ihren Sinnen wahr. Spüren Sie jeden einzelnen Ihrer Schritte, den Kontakt zum Boden und wie sich Ihr Körper insgesamt dabei anfühlt. Achten Sie dabei auch auf Ihren Atem. Wann immer ablenkende Gedanken auftauchen, richten Sie den Fokus Ihrer Aufmerksamkeit wieder auf Ihren Körper, auf Ihre Schritte und auf das, was Sie sehen, hören und riechen können.

Nehmen Sie verschiedene Ebenen in sich wahr

Setzen oder legen Sie sich hin und spüren Sie, mit welchen Stellen Ihres Körpers Sie den Stuhl, den Sessel oder die Unterlage berühren. Achten Sie auf Ihren Atem, wie er ein- und ausfließt. Vielleicht können Sie mit dem Ausatmen schon etwas Anspannung loslassen. Gehen Sie mit der Aufmerksamkeit zunächst auf die Ebene Ihrer Gedanken. Was beschäftigt Sie gerade? Nehmen Sie Ihre Gedanken einfach nur wahr. Dann gehen Sie auf die Ebene Ihres Körpers. Wie fühlt sich Ihr Körper jetzt in diesem Moment an? Ist er entspannt oder an manchen Stellen noch angespannt? Fühlen Sie sich innerlich ruhig und ausgeglichen oder noch etwas unruhig? Welche anderen Wahrnehmungen spüren Sie im Körper? Nun gehen Sie mit Ihrer Aufmerksamkeit auf die Ebene der Emotionen. Welche Gefühle können Sie im Moment in sich wahrnehmen? Sind es angenehme Gefühle oder mischt sich etwas Unangenehmes in Ihre Wahrnehmung? Richten Sie abschließend Ihre Aufmerksamkeit nochmals nacheinander auf jede der drei Ebenen und nehmen Sie mögliche Veränderungen wahr.

10.2 Würdigen Sie Ihre bisherigen Erfahrungen

Im zweiten Schritt des Prozesses *Schöpfer-Transformation* geht es insbesondere darum zu erkennen, dass Sie der Schöpfer Ihrer aktuellen Situation und Ihrer Gefühle sind. Wenn Sie sich als Opfer der Umstände um sich herum empfinden, kommen Sie in Ihrem Prozess der Transformation alter Muster nicht weiter. Nehmen wir an, Sie haben vor etwas Angst, etwa vor einer Prüfung. Dann sagen Sie sich vielleicht: Das ist doch albern, wieso habe ich als erwachsener Mensch Angst? So beginnen Sie über sich selbst und dieses Gefühl zu urteilen und damit auch über den inneren Anteil in Ihnen, der dieses Gefühl hat. Wenn Sie sich jedoch selbst als Schöpfer dieses Gefühls und dieser Situation empfinden, bekommen Sie auf diese Weise ganz mühelos und wie von selbst Kraft und Souveränität zurück und können etwas verändern. Sie sind kein Opfer der Situation und Ihrer Gefühle, denn Sie haben diese auf einer tiefer liegenden Schöpferebene erschaffen, auch wenn Ihnen dies im Alltag nicht bewusst sein mag. Wenn Sie Ja zu Ihrer eigenen Schöpfung sagen und sie damit würdigen, erhalten Sie wieder bewusst Zugang zu Ihrem eigenen Potenzial als Schöpfer. Und es ist wichtig, was Sie erleben. Denn jedes Ihrer Gefühle und jede Ihrer Erfahrungen ist, wie gesagt, unschätzbar wertvoll für das gesamte Bewusstsein. Es ist verständlich und absolut nachvollziehbar, dass manche Gefühle, Zustände und

Lebenssituationen nicht angenehm sind. Gleichwohl ist es keine Lösung, sie abzulehnen und dagegen anzukämpfen. All dies wurde von Ihrem Schöpfer-Selbst erschaffen, damit Sie ganz bestimmte Erfahrungen machen konnten und immer noch machen können. Alles bisher von Ihnen Erlebte war und ist wichtig. Doch jetzt haben Sie die Chance, bewusst etwas Neues zu erschaffen. Der Weg dahin beginnt mit dem Akzeptieren und der Würdigung dessen, was jetzt ist.

Sie fragen sich vielleicht, warum Sie etwas akzeptieren sollen, was Sie als negativ bewerten und einfach nicht haben wollen. Akzeptieren und Annehmen bedeutet nicht Resignation. Es ist einfach eine wichtige Voraussetzung, damit Veränderung beginnen kann. Solange Sie versuchen, unerwünschte Gefühle oder Lebensumstände loszuwerden, haben Sie bereits eine Bremse eingebaut. Meistens sind es unsere inneren Anteile wie das Kontroll-Ich oder der innere Kritiker, die versuchen, unerwünschte Teile und Emotionen aus dem Fokus des Bewusstseins auszuschließen. Dies mag lange Zeit funktioniert haben. In der heutigen Zeit der Transformation funktioniert es jedoch immer weniger. Es ist Ihr inneres Selbst, das in der Lage ist, Ihre Gefühle und Lebensumstände zu würdigen. Und zwar insbesondere dann, wenn Sie durch den Prozess *Schöpfer-Transformation* von den beschützenden und bewertenden inneren Anteilen Ihres begrenzten Ich einen Abstand gewonnen haben und sich nicht mehr mit ihnen identifizieren. Wie oben beschrieben, nimmt das innere Selbst in den ersten Phasen der Bewusstseinsentwicklung einen kleinen Anteil im Fokus unseres Bewusstseins ein (s. Kapitel 6). Durch das Annehmen einer persönlichen Krise als Chance zur Veränderung und Transformation erwacht das innere Selbst und nimmt nach und nach immer mehr Raum in Ihrem begrenzten Ich und in Ihrem Bewusstseinsfokus ein. Infolgedessen erkennen Sie auch zunehmend den Wert jeder Erfahrung, die Sie in Ihrem Leben gemacht haben und immer noch machen. Sie gehen mit einem ganz anderen Bewusstsein durch Ihren Alltag. Banalitäten gibt es nicht mehr, wenn Sie mit Ihrem inneren Selbst in Kontakt stehen. Auch Gefühle wie Langeweile oder Sinnlosigkeit tauchen immer seltener auf. Stattdessen erkennen Sie in jeder Erfahrung eine Perle, eine Art Schatz, der wichtig für das allumfassende Bewusstsein ist. Und darum geht es: Um die Würdigung und Wertschätzung all Ihrer bisherigen Erfahrungen.

Zusammenfassung

1. Sie sind Schöpfer Ihrer erlebten aktuellen Situation und Ihrer Gefühle. Wenn Sie sich als Opfer der Umstände fühlen und bisherige Zustände nur loswerden wollen, kommen Sie in Ihrem Prozess der Transformation alter Muster nicht weiter.
2. Alles bisher von Ihnen Erlebte war und ist wichtig. Doch jetzt haben Sie die Chance, etwas Neues zu erschaffen. Der Weg dahin beginnt mit dem Akzeptieren und der Würdigung dessen, was jetzt ist.

Übung

Folgende Übung kann Ihnen helfen, in Ihnen mehr Platz für Ihr inneres Selbst zu schaffen und somit auch mehr Raum für Selbstliebe und für das Annehmen von schwierigen Gefühlen und Situationen.

Und so geht es: Setzen Sie sich bequem hin und schließen Sie die Augen. Spüren Sie, mit welchen Stellen Ihres Körpers Sie den Stuhl berühren und mit welchen den Boden. Achten Sie auf Ihren Atem, wie er ruhig und regelmäßig ein- und ausfließt. Lassen Sie mit dem Ausatmen alle Anspannung und Unruhe mehr und mehr los. Erinnern Sie sich nun an Situationen, in denen Sie sich eins mit sich selbst fühlten und sich selbst oder bestimmte Dinge, die Sie taten, voll und ganz annehmen konnten. Spüren Sie noch einmal, wie sich das angefühlt hat. Erleben Sie auf diese Weise eine innere Kraft und ein Gefühl des Selbstvertrauens. Fragen Sie sich, ob zu diesem Gefühl eine Farbe passt, und lassen Sie die Farbe vor dem inneren Auge auftauchen. Lassen Sie zu, dass sie sich in Ihrem ganzen Körper ausbreitet und Ihnen so hilft, Ihr inneres Selbst und somit Liebe für sich selbst zu spüren. Bitten Sie jetzt Ihr inneres Selbst, Ihnen dabei zu helfen, ein Gefühl oder eine bestimmte

Situation anzunehmen, die Ihnen nicht behagt und denken Sie an diese Situation. Nehmen Sie wahr, wo Sie dieses Unbehagen in Ihrem Körper spüren können. Vielleicht nehmen Sie ein Druckgefühl wahr oder eine Anspannung. Nehmen Sie nun wieder Kontakt auf mit der Farbe, die vor Ihrem inneren Auge aufgetaucht war, und spüren Sie erneut Ihre innere Kraft, Ihr Selbstvertrauen, Ihre Liebe zu sich selbst. Beobachten Sie, wie sich das Gefühl der Anspannung oder des Drucks in Ihrem Körper verändert und wie Sie nun wieder entspannter und freier atmen können.

10.3 Holen Sie sich Ihre Energie zurück

Wenn Sie es geschafft haben, mehr im Jetzt zu leben und nicht mehr hauptsächlich in Trancezuständen, sind Sie bereits einen großen Schritt weitergekommen. Sie können nun auch zwischen Ihren bewertenden inneren Anteilen unterscheiden und eine bewusste Verbindung zu Ihrem inneren Selbst aufbauen. Im dritten Schritt des Prozesses *Schöpfer-Transformation* holen Sie sich die Energie, die bislang in schwierigen Situationen und Emotionen gespeichert war, zurück. Die gespeicherte Energie wirkt sich auch körperlich aus und kann sich in Anspannung, innerer Unruhe, Druck auf der Brust oder einer flachen Atmung zeigen. Sie stammt ursprünglich aus Ihrem Schöpfer-Selbst, durch sie konnten bestimmte Schöpfungen wie Gefühle und Lebensumstände überhaupt erst entstehen. Ohne Energie keine Erschaffung.

Die in schwierigen Situationen oder Gefühlen gespeicherte Energie ist an sich neutral, also weder positiv noch negativ. Sie kann aber in alle möglichen Gefühle und Situationen hineinfließen, die wir dann als positiv oder negativ bewerten. Emotionen, Muster oder Lebensumstände können sich nur verändern, wenn die darin enthaltene Energie wieder zurückgezogen wird. Denn dann können diese Kreationen in der bisherigen Form nicht weiterbestehen. Dieser Schritt ist allerdings erst möglich, nachdem Sie im ersten Schritt aus dem Trancezustand herausgetreten sind und im zweiten Schritt die entsprechenden Gefühle und Situationen gewürdigt haben, wodurch der Transformationsprozess letztlich in Gang gesetzt wurde.

Zusammenfassung

1. Ein altes Muster kann nur weiterbestehen, wenn genügend Energie dafür vorhanden ist.
2. Wenn Sie die Energie aus diesen Mustern und den damit verbundenen Gefühlen herausziehen, werden das Muster und die Gefühle immer schwächer. Die zurückgewonnene Energie können Sie anschließend für die Erschaffung einer neuen und erfüllten Realität einsetzen.

Übung

Denken Sie an ein starkes Gefühl, das Sie in der Vergangenheit oder gerade im Moment belastet. Können Sie die darin enthaltene Energie wahrnehmen? Spüren Sie, welche Auswirkung dieses Gefühl in Ihnen hat. Wie fühlt sich Ihr Körper an, wie atmen Sie? Stellen Sie sich vor, dass sich diese Gefühle und die dazugehörigen körperlichen Auswirkungen in einer Art großem Luftballon befinden. Bisher haben Sie diesen Luftballon verschlossen gehalten. Beschließen Sie jetzt, ihn loszulassen und die darin enthaltene Luft (Energie) herauszulassen. Stellen Sie sich vor, wie der Luftballon immer mehr in sich zusammenfällt, und spüren Sie, wie nach und nach der Druck oder die Anspannung in Ihrem Körper nachlässt und wie auch das Gefühl, das sie ausgelöst hat, allmählich schwächer wird. Gedanken, die mit diesem Gefühl verbunden sind, können sich ebenfalls immer mehr verflüchtigen.

10.4 Lieben Sie sich mit all Ihren Anteilen

Bevor Sie im letzten der fünf Schritte bewusst eine neue, erfüllte Realität erschaffen, steht im vierten Schritt das liebevolle Annehmen von schwierigen Gefühlen, Situationen und bisher ungeliebten Anteilen im Mittelpunkt. Wenn Sie emotionalen Schmerz, Wut oder Traurigkeit spüren und Nein dazu sagen, entsteht Stress. Diesen können Sie auch körperlich spüren und er wird umso größer, je mehr Sie das Gefühl oder die Situation ablehnen. Im Grunde wissen Sie, dass Sie durch ein Nein Ihre Gefühle nicht verdrängen können, sie sind trotzdem vorhanden. Die Alternative dazu ist, Ja zu sagen und die Gefühle in diesem Augenblick anzunehmen, und zwar genau so, wie sie sind. Während es im zweiten Schritt um die Würdigung der eigenen Schöpfung (die unbefriedigende Situation) ging, geht es hier vor allem um die liebevolle Annahme des inneren Anteils, mit dem Sie gerade arbeiten und der diese Emotionen in sich trägt.

Etwas anzunehmen bedeutet nicht Resignation. Resignieren würde Aufgeben bedeuten. Das tun Sie nicht. Stattdessen sagen Sie Ja, etwa zu ihrer Wut oder einer Prüfungsangst, und der Stress fällt weg. Sie sind in der vierten Phase des Prozesses in der Lage, als erwachsener Mensch im Hier und Jetzt Ihre Gefühle und den inneren Anteil, der diese Gefühle trägt, anzunehmen. Denn in den vorangegangenen Schritten sind Sie aus der Stress erzeugenden Gefühlsblase und damit aus dem Trancezustand herausgetreten. Ganz ähnlich ist es übrigens mit körperlichen Symptomen. Sobald Sie sich selbst mit diesen Symptomen und den dazugehörigen Gefühlen annehmen, wird sich die Wunschrealität, in der Sie sich ohne die Symptome frei bewegen können, viel schneller manifestieren.

Zusammenfassung

1. Wenn Sie eine Situation, ein Ereignis, ein körperliches Symptom oder ein Gefühl ablehnen, führt dies zu Stress.
2. Wenn Sie das, was jetzt vorhanden und spürbar ist, annehmen, ist dies ein wichtiger Schritt in Ihrem Transformationsprozess. Er ermöglicht, dass sich im nächsten Schritt Ihre Wunschrealität manifestieren kann.

Übung
Entspannen Sie sich und denken Sie an eine Situation, in der Sie einem geliebten Menschen, der in einer Notsituation oder einem schwierigen Gefühlszustand war, beigestanden haben. Wenn Sie jetzt gedanklich in diese Situation hineingehen, können Sie wieder spüren, wie sich Ihre Anteilnahme und der Wunsch, diesem Menschen zu helfen, angefühlt haben. Denken Sie nun an ein unangenehmes Gefühl oder eine herausfordernde Situation in Ihrem Leben. Übertragen Sie dieses Mitgefühl und den Wunsch zu helfen auf sich selbst und spüren Sie, wie sich dadurch etwas in Ihnen entspannt.

10.5 Erschaffen Sie eine neue, erfüllte Realität

Im letzten Schritt des Prozesses *Schöpfer-Transformation* geht es um eine Vision dessen, was Sie sich von Herzen wünschen und in Ihrem Leben manifestieren möchten. Natürlich ist an dieser Stelle Ihre Vorstellungskraft gefragt, mit der Sie das, was Sie sich wünschen, mit all Ihren Sinnen vergegenwärtigen und fühlen können. Solange sie sich in ihrem begrenzten Ich befinden, haben die meisten Menschen den Eindruck und die feste Überzeugung, dass sie wenig Einfluss auf die Realität haben. Sicher, innerhalb des vorgegebenen gesellschaftlichen Rahmens können sie subjektiv einiges bewirken: Sie können sich in der Schule, während der Ausbildung oder dem Studium anstrengen, um gute Leistungen zu erzielen und später einen ansprechenden Job mit guter Bezahlung und mit Aufstiegsmöglichkeiten zu finden. Sie können sich außerdem darum bemühen, Freundschaften aufzubauen oder eine Familie zu gründen. Dabei bewegen sie sich jedoch stets nur innerhalb eines gewissen und scheinbar durch die Gesellschaft festgelegten Rahmens. In diesem eingeschränkten Bewusstseinszustand ist jemand sehr eng mit dem Massenbewusstsein, das heißt mit den Werten und Normen der Gesellschaft und auch der engeren Umgebung verbunden.

Eine der häufigsten Trancezustände ist deshalb die Anpassungstrance. Denn die Beschützeranteile in den meisten Menschen wollen, dass sie problemlos in der Gesellschaft funktionieren.

Wenn Sie über den Tellerrand des gesellschaftlichen Denkens hinaussehen wollen und mehr Zugang zu Ihrer ureigenen Individualität – also zu Ihren ureigenen Wünschen und Bedürfnissen – finden möchten, stoßen Sie häufig an Grenzen. Finanzielle Gründe, gesetzliche Restriktionen, drohenden Sanktion aus dem gesellschaftlichen, aber auch familiären Umfeld erschweren es einem häufig, seine Individualität tatsächlich zu entfalten. Es erfordert großen Mut und Entschlossenheit, ein eigenes Ziel umzusetzen, wenn es von der Gesellschaft nicht so ohne Weiteres gefördert wird. Denn mit solchen Wünschen heben Sie sich vom Massenbewusstsein ab und sind eine Art kreativer Erneuerer, was nicht von jedem als positiv angesehen wird. Nicht umsonst gibt es den Spruch: „Schuster, bleib bei deinen Leisten!" Sogar Freunde und Familienangehörige können Ihnen beispielsweise davon abraten, Ihre feste Anstellung aufzugeben und sich mit einer Tätigkeit selbstständig zu machen, die Ihnen mehr entspricht, da dieser Schritt aus deren Sicht zu unsicher ist. Letztlich bleibt Ihnen nur die Hinwendung nach innen, hin zu Ihrem eigenen, inneren Selbst, um dort ein inneres Vertrauen und Kraft für die Umsetzung Ihrer Wünsche, wie immer diese aussehen mögen, zu schöpfen.

Ohne den Einfluss Ihres inneren Selbst werden Sie gar nicht erst Wünsche entwickeln, die über das enge Denken Ihres begrenzten Ich hinausgehen. Dabei sind Wünsche und Visionen sehr wichtig. Sie ermöglichen uns, uns mit einer neuen und erfüllten Realität in Verbindung zu bringen. Denn alles, was Sie sich vorstellen können, ist auch möglich; jede Situation, jeder (noch zu erfindende) Gegenstand, jede soziale Wirklichkeit.

Es existiert nicht nur die jetzt von Ihnen erlebte Realität, sondern es gibt eine unzählige Anzahl von Parallelrealitäten, die gleichzeitig vorhanden sind. Ihr Schöpfer-Selbst beinhaltet, wie oben beschrieben, viele verschiedene Ich-Identitäten (Menschen), die zu verschiedenen Zeiten und an verschiedenen Orten inkarniert sind. Eine dieser Ich-Identitäten sind Sie selbst.

Parallelrealitäten existieren, damit Ihr Schöpfer-Selbst über unterschiedlichste Variationen von möglichen Erfahrungen noch umfassender Informationen für das Gesamtbewusstsein, das wir alle teilen, sammeln kann. In den anderen, parallelen Realitäten, gibt es andere Versionen von Ihnen, die ich Doppelgänger oder parallele Ich-Identitäten nenne. Diese Doppelgänger können Ihnen manchmal sehr ähnlich, aber auch recht verschieden von Ihnen sein. Nehmen wir an, dass Sie in dieser Realität einen bestimmten Beruf ergriffen haben und ihn auch heute noch ausüben. In einer parallelen Realität gibt es einen Doppelgänger von Ihnen, der einen ganz anderen Beruf erlernt oder der im Verlaufe seiner Berufstätigkeit den Job ein- oder mehrmals gewechselt hat. Sie haben in dieser Realität bestimmte Eigenschaften und Fähigkeiten entwickelt und leben sie im Alltag. Sie können vielleicht gut singen, schreiben oder schreinern. Andere Fähigkeiten wie Tanzen, mathematisches Denken oder das Erlernen von Sprachen mögen Ihnen schwerfallen. Bei einem parallelen Ich könnte dies genau umgekehrt sein; es hat Fähigkeiten verwirklicht, zu denen Sie in dieser Realität keinen Zugang haben. Genauso ist es mit Freundschaften und Partnerbeziehungen: Auch in diesem Bereich können sich Ihre parallelen Ich-Identitäten ganz anders entwickelt haben als Sie. Sie haben dabei auch andere Menschen kennengelernt, die Ihnen in Ihrer erlebten Realität fremd sind. All das dient Ihrem Schöpfer-Selbst dazu, möglichst viele Facetten Ihres begrenzten Ich zu erfahren. Das schließt Sie in diesem Leben und Ihre Doppelgänger in den parallelen Realitäten mit ein. Damit tragen Sie und die anderen Versionen von Ihnen zur Evolution des Gesamtbewusstseins bei. Sie sind für das Gesamtbewusstsein wie ein kostbarer Edelstein. Durch die vielen Variationen der Erfahrungen Ihrer Doppelgänger in den Parallelrealitäten entdeckt Ihr Schöpfer-Selbst und damit das eine umfassende Bewusstsein alle Facetten dieses Edelsteins.

Das Besondere an der heutigen transformativen Zeit ist die Möglichkeit, dass jedes begrenzte Ich, jeder Mensch, schneller erwachen kann als noch vor einigen Jahren. Sie haben heute die Chance, Zugang zu Ihren einzigartigen Fähigkeiten zu erlangen und diese in diesem Leben, in dieser Realität zu verwirklichen. Dabei können Sie die besonderen Fähigkeiten der anderen Versionen von Ihnen in den Parallelrealitäten unterstützen. Den Bereich, in dem Sie Zugang zu diesen Parallelrealitäten haben, nenne ich **Feld der Möglichkeiten**. Je mehr Sie mithilfe des Prozesses *Schöpfer-Transformation* alte, begrenzende Muster transformieren konnten, desto mehr Raum nimmt Ihr inneres Selbst in Ihrem Bewusstseinsfokus ein. Über krisenhafte Situationen in Ihrem Leben entwickeln Sie sich auf diese Weise zu einem Menschen mit einem erweiterten Bewusstsein. Wenn Ihr Bewusstseinsfokus erweitert ist, fällt es Ihnen viel leichter, sich im Feld der Möglichkeiten mit den von Ihnen erwünschten Realitäten und Fähigkeiten zu verbinden.

Mittlerweile gibt es immer mehr Wissenschaftler im Bereich der Quantenphysik, die Parallelrealitäten nicht nur für möglich halten, sondern sie als notwendig für die Erklärung unserer Realität erachten. Einer von ihnen ist der Physiker David Deutsch. Er spricht in seinem Buch „Die Physik der Welterkenntnis" von einem Multiversum, das alle existierenden Parallelrealitäten enthält, die miteinander in Verbindung stehen und sich gegenseitig beeinflussen. Diese theoretischen Erkenntnisse können Sie jetzt gewinnbringend und ganz praktisch in Ihrem eigenen Leben einsetzen. Alles, was Sie sich vorstellen können, existiert bereits. Wenn Sie Wünsche haben und diese Qualitäten in Ihrem Leben erleben möchten, können Sie mit der Parallelrealität Kontakt aufnehmen, in der Sie diese Qualitäten bereits besitzen. Sie bringen ein unglaublich großes Potenzial mit und bisher schöpften Sie nur einen kleinen Teil davon aus. Indem Sie sich mit Ihren Wünschen und Visionen in Verbindung setzen, öffnen Sie eine Tür zu diesen bereits existierenden Realitäten. Dort lebt eine andere Version von Ihnen, die diese Qualitäten und Fähigkeiten bereits verwirklicht hat.

Im fünften Schritt des Prozesses *Schöpfer-Transformation* öffnen Sie eine Tür zu der bereits existierenden Realität und treten hinein. Die Information, die nötig ist, damit auch Sie dieses Potenzial hier in dieser Realität verwirklichen, fließt nun zu Ihnen. Indem Sie Energie in diese Information und die vorgestellte Realität geben, manifestiert sich das von Ihnen Gewünschte im Hier und Jetzt. Dann spüren Sie die Energien und Gefühle, die mit dieser Realität verbunden sind, viel deutlicher in Ihrem Körper. Wenn Sie den Prozess wiederholen und dabei immer wieder in Kontakt mit dieser erfüllten Realität treten, wird es nicht lange dauern, bis sich diese neue Realität auch in Ihrem bewusst wahrgenommenen Leben im Hier und Jetzt manifestiert.

Zusammenfassung

1. Die Wünsche des begrenzten Ich mit seinen Anteilen sind konditioniert und sehr begrenzt, während die Visionen aus dem inneren Selbst voller unbegrenzter Möglichkeiten sind.
2. Wünsche und Visionen sind wichtig. Sie ermöglichen Ihnen, sich mit einer neuen und erfüllten Realität in Verbindung zu bringen.
3. Alle Situationen und Dinge, die Sie sich vorstellen können, sind möglich.

Es existiert nicht nur die jetzt von Ihnen erlebte Realität, sondern es gibt eine unzählige Anzahl von Parallelrealitäten, die ebenfalls vorhanden sind.

Übung 1: Erschaffen einer erwünschten Realität

Wenn Sie folgende Übung in Abständen wiederholen, kann sich das dabei Erlebte immer stärker in Ihnen und in Ihrem Leben verankern und sich nach und nach mühelos manifestieren. Es ist möglich, dass während der Übung bisher verdrängte Gefühle wie Ängste oder begrenzende, alte Glaubenssätze auftauchen. Denn viele Ihrer inneren Anteile wollen an der scheinbaren Sicherheit Ihrer Komfortzone festhalten, jede grundlegende Veränderung in Ihrem Leben, auch eine positive, bedeutet für sie eine Bedrohung, einen Verlust an Sicherheit. Im Rahmen des Prozesses *Schöpfer-Transformation* ist es möglich, gezielt an solch auftauchenden Gefühlen zu arbeiten (s. Teil 3).

Und so geht es: Stellen Sie sich entspannt hin, entspannen Sie immer mehr und kommen Sie in Ihre Mitte. Spüren Sie, wie sich in Ihnen und um Sie herum das Feld der Möglichkeiten öffnet und spürbar präsent wird. Ihr Bewusstseinsfokus liegt im Hier und Jetzt. Ihr inneres Selbst erhält mehr Raum in Ihnen und kann sich ausweiten. Stellen Sie sich eine schöne und erfüllende Realität direkt vor Ihnen ganz plastisch vor. Es ist, als wenn sich eine Tür zu dieser ersehnten und doch greifbaren Wirklichkeit öffnet. Nutzen Sie in Ihrer Vorstellung all Ihre Sinne wie Hören, Sehen, Riechen und Fühlen, damit diese Realität lebendig und echt wirkt. Dann machen Sie einen Schritt nach vorne in diese Realität hinein. Fühlen Sie die Qualitäten, die damit verbunden sind, so als wenn sie diese bereits in sich haben. Nehmen Sie sich Zeit, die neuen Gefühle und Energien in Ihrem Körper wahrzunehmen. Öffnen Sie nun die Augen und schauen Sie sich um. Wie nehmen Sie nun die Umgebung im Kontakt mit der neuen Realität wahr? Verankern Sie die neue Realität, indem Sie sich vorstellen, dass die erlebten Energien und Qualitäten durch Ihre Beine und Füße in die Erde fließen. Dabei ist es hilfreich sich vorzustellen, dass Sie wie ein Baum sind, mit Wurzeln, die tief in die Erde reichen.

Übung 2: Dialog mit einer anderen Version von Ihnen

Beginnen Sie die Übung wie Übung 1. Wenn Sie jetzt mit der erwünschten Realität Kontakt aufnehmen und sich selbst mit den bereits verwirklichten Fähigkeiten und Potenzialen vor sich stehen sehen, können Sie diese Version von sich auch als alternatives Ich aus einer Parallelrealität sehen. Bevor Sie in diese Realität hineintreten, können Sie mit dieser anderen Ausgabe von sich selbst kommunizieren. Stellen Sie ihr einfach einige Fragen, die Ihnen in den Sinn kommen. Seien Sie neugierig darauf, welche Antworten Ihr Gegenüber gibt. Am Ende dieser Übung machen Sie wie in Übung 1 einen Schritt nach vorne in die neue Realität hinein und verbinden Sie sich damit. Schreiben Sie die Antworten, die Sie erhalten haben, später auf. Auf diese Weise können Sie eine Menge über die neue und erfüllende Realität erfahren. Dies wird Ihnen helfen, sich selbst immer stärker in der neuen Realität zu verankern.

Dritter Teil

Die Praxis: Der Prozess *Schöpfer-Transformation*

Nachdem ich im zweiten Teil dieses Buches die wesentlichen Inhalte und die Bedeutung der fünf Phasen des Prozesses *Schöpfer-Transformation* erläutert habe, erhalten Sie im letzten Teil des Buches nun zum einen das praktische Handwerkszeug zur erfolgreichen Durchführung des Transformationsprozesses. Zum anderen bekommen Sie Tipps und Anregungen für die Anwendung des Prozesses in verschiedensten Bereichen Ihres Lebens. Sie werden viele Antworten auf Fragen finden, die im Verlauf Ihrer Praxis auftauchen können. Erfahrungsberichte von Menschen, die den Prozess über längere Zeit erfolgreich angewandt haben, runden den praktischen Teil ab.

11 | Machen Sie fünf Schritte in ein neues und erfülltes Leben

In diesem Kapitel stelle ich Ihnen die fünf Schritte des Prozesses *Schöpfer-Transformation* ganz praktisch mit ausführlichen, bebilderten Anleitungen vor. Erwarten Sie, wenn Sie den Prozess durchführen, zu Anfang nicht zu viel von sich. Lernen Sie in aller Ruhe die einzelnen Schritte kennen und üben Sie sie ein. Die Vorübungen aus dem zweiten Teil des Buches waren eine Vorbereitung für die praktische Arbeit mit dem Prozess. Die einzelnen Schritte bauen aufeinander auf und es ist wichtig, alle zu gehen und dabei die Reihenfolge einzuhalten. Führen Sie also jeden Schritt bewusst durch, um dann im letzten Schritt erfolgreich die Tür zu Ihrer Wunschrealität zu öffnen und einzutreten. Auf diese Weise können sich Ihre Visionen und Wünsche am schnellsten manifestieren. Wenn Sie beispielsweise im ersten Schritt aus der Blase, welche den mit dem Gefühl oder Muster verbundenen Trancezustand symbolisiert, nicht wirklich herausgekommen und noch immer stark mit Ihrem inneren Anteil verbunden sind, wird es Ihnen schwerfallen, alle weiteren Schritte erfolgreich durchzuführen. Erst wenn Sie genügend Abstand zu Ihrem inneren Anteil gewonnen haben, gelingen auch die nächsten Schritte. So ist es auch mit dem zweiten Schritt: Wenn Sie Ihre eigene Schöpfung nicht wertschätzen, werden Sie Ihren damit verbundenen inneren Anteil später auch nicht annehmen und Ihre Visionen nicht realisieren können. Der dritte Schritt des Prozesses ist wichtig, um genügend Energie für die neue Kreation zur Verfügung zu haben. Erinnern Sie sich daran, dass ein altes Muster nur mit genügend Energie aufrechterhalten werden kann. Wenn die Energie aus dem Muster herausgezogen wurde und die Blase verschwunden ist, fällt es viel leichter, Ihren inneren Anteil liebevoll anzunehmen. Der vierte Schritt ist wesentlich, bevor Sie kreativ tätig werden. Denn erst durch die liebevolle Annahme findet der eigentliche Transformationsprozess statt. Dies werden Sie auch ganz deutlich in Ihrem Körper spüren. Im fünften und letzten Schritt können Sie die Früchte der vorherigen, erfolgreich durchgeführten Schritte ernten. Es fällt Ihnen nun leicht, sich der kreativen Ebene und somit Ihrem unbegrenzten

Potenzial zu öffnen. Indem Sie Ihre Wunschrealität visualisieren, öffnen Sie eine Tür zu einer neuen Dimension. Was das bewirkt, können Sie in Ihrem Körper spüren, sobald Sie in diese Realität eintreten.

Je öfter Sie *Schöpfer-Transformation* durchführen, desto schneller und stärker wirkt der Prozess. Dadurch, dass Sie die Schritte öfter wiederholen, bilden sich in Ihrem Gehirn neue Pfade und neuronale Netze heraus. Ihr inneres Potenzial wird für Sie auf diese Weise viel schneller und besser verfügbar. Da *Schöpfer-Transformation* nicht nur die gedankliche Ebenen verwendet, sondern auch weitere Ebenen wie den Körper, die Emotionen und eine spirituelle Anbindung, führt dies zu einem intensiven Lerneffekt. Ich wünsche Ihnen viel Erfolg bei der praktischen Durchführung des Transformationsprozesses!

1. Schritt: Aufwachen aus der „Problemtrance" ins Hier und Jetzt

Ziel des ersten Schrittes ist es, aus der Alltagstrance auszusteigen und ins Hier und Jetzt zu kommen. Denn alle Probleme, Symptome oder Lebensumstände entsprechen einem bestimmten Bewusstseinszustand, einer Trance, an der ursächlich innere Anteile beteiligt sind. Bevor Sie mit dem ersten Schritt beginnen, sollte Ihnen das Thema oder das Problem, an dem Sie arbeiten möchten, klar vor Augen stehen.

Praktische Anleitung des ersten Schrittes

Beginnen Sie den Prozess *Schöpfer-Transformation* im Stehen. Denken Sie an das Thema, mit dem Sie arbeiten wollen, und nehmen das damit verbundene Gefühl, etwa Angst, Sorge, Hilflosigkeit oder Traurigkeit, im Körper wahr. *Was für ein Gefühl haben Sie und wo in Ihrem Körper können Sie es am deutlichsten spüren?* Stellen Sie sich nun eine große, eiförmige Hülle oder Blase um sich herum vor, in der Sie stehen. Diese Blase ist ein Symbol für den mit dem Gefühl oder Muster verbundenen Trancezustand. Das Gefühl, zum Beispiel Unsicherheit oder Hilflosigkeit, gehört zu einem eigenen inneren Anteil, etwa einem Kindheits-Ich. Fragen Sie sich, ob Sie dieses Gefühl schon vorher einmal in Ihrem Leben wahrgenommen haben, und wenn ja, erinnern Sie sich wann. Zum Beispiel könnte es sich um ein Gefühl handeln, das Sie bereits als sechsjähriges Kind verspürten.

Stellen Sie sich nun vor, dass Sie als Erwachsenen-Ich zusammen mit diesem Kindheits-Ich in der Blase stehen. Als Erwachsenen-Ich haben Sie jetzt die Möglichkeit, aus dieser Blase herauszutreten, während das Kindheits-Ich mit den Gefühlen in der Blase bleibt (s. Abbildung unten). Atmen Sie dazu tief ein. Beim Ausatmen machen Sie einen großen Schritt nach hinten und treten Sie so aus der Blase heraus. Sie können diesen Schritt unterstützen, indem Sie sich mit Ihren Armen gleichsam nach hinten abstoßen. Wenn Sie als Erwachsenen-Ich nach hinten aus der Blase herausgetreten sind, streifen Sie Ihren Körper mit den Händen ab, schütteln Ihre Arme und Beine und klopfen sich ab. Sie können alle Sinne einsetzen, um ins Jetzt zu gelangen und den begrenzten Bewusstseinszustand zu verlassen. Gehen Sie bewusst umher, schauen Sie sich die Gegenstände in dem Raum, in dem Sie sich gerade befinden, an. Berühren Sie etwas ganz bewusst oder riechen Sie an einer Blume oder einem ätherischen Öl. Anschließend gehen Sie wieder zurück zu der Blase und stellen sich davor.

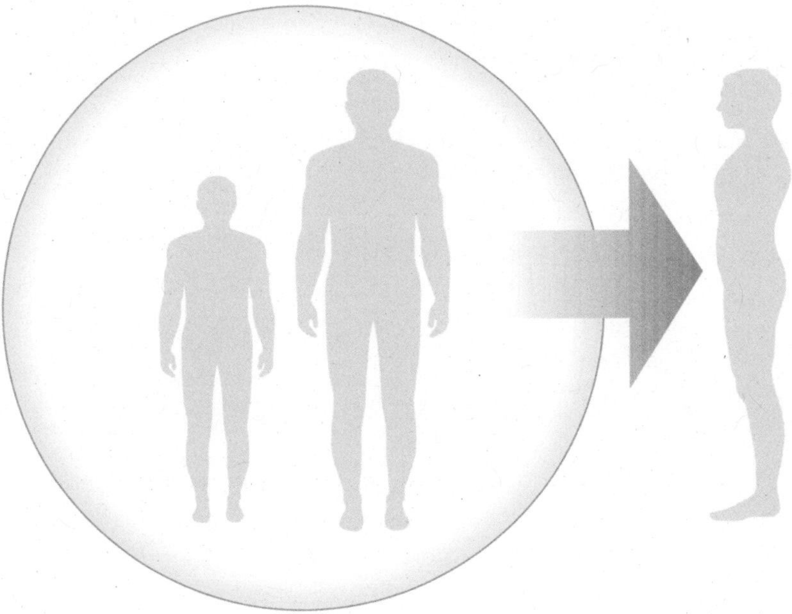

Nehmen Sie nun die Hände vor die Brust und bewegen Sie sie nach oben Richtung Himmel, um dort das Potenzial Ihres inneren Selbst zu kontaktieren und Energie aufzunehmen. Spüren Sie diese Kraft, die Sie nun bei den weiteren Schritten unterstützen wird. Dann führen Sie die Hände mit nach unten gedrehten Handflächen in einem Halbkreis neben Ihrem Körper zu Boden. Spüren Sie die unterstützende und stabilisierende Erdenergie. Nehmen Sie Erdenergie mit Ihren Handflächen auf, spüren Sie sie in Ihrem Körper und führen Sie die Hände wieder vor der Brust zusammen. Wiederholen Sie diese fließende Bewegung mehrmals, um die Wirkung noch intensiver zu spüren. Durch sie wird Schöpfungsenergie aktiviert, es entsteht eine stärkere Verbindung zu Ihrem inneren Selbst. Abschließend sprechen Sie laut aus: „Ich bin ... (Name), ... Jahre alt (jetziges Alter) und bin jetzt hier." Dadurch unterscheiden Sie sich ganz konkret von Ihrem belastenden Gefühl bzw. inneren Anteil. Spüren Sie nach, ob dieser Satz stimmt und ob Sie wirklich im Erwachsenen-Ich im Hier und Jetzt sind. Es ist nicht notwendig, dass das Gefühl vollkommen verschwunden ist. Es kann nach wie vor in Ihrem Körper spürbar sein, doch werden Sie nun davon nicht mehr beherrscht.

Wenn nötig, wiederholen Sie das Heraustreten aus der Blase, das Ansprechen der Sinne und die weiteren Elemente des ersten Schrittes der *Schöpfer-Transformation* so lange, bis Sie sich deutlich spürbar von dem Gefühl bzw. Anteil, an dem Sie arbeiten, unterscheiden können.

2. Schritt: Würdigen Sie Ihre bisherigen Erfahrungen

Wenn Sie als Erwachsenen-Ich sich deutlich von dem schwierigen Gefühl oder Anteil unterscheiden können, folgt im zweiten Schritt des Prozesses die Würdigung Ihrer bisherigen Erfahrungen. Erfahrungsgemäß lehnen viele Menschen zunächst das alte Muster und den inneren Anteil mit den unangenehmen Gefühlen ab und wollen ihn einfach loswerden. Das funktioniert jedoch nicht. Deshalb ist eine Wertschätzung der bisherigen Erfahrungen, des inneren Anteils und des Gefühls in diesem Schritt so wichtig. Sie ist eine Voraussetzung für die Transformation der Gefühle und des alten Musters im Laufe der nächsten Schritte des Prozesses.

Praktische Anleitung des zweiten Schrittes

Am Ende des ersten Schrittes stehen Sie vor der visualisierten Blase (s. Abbildung unten). Verneigen Sie sich nun vor der Blase mit dem inneren Anteil, dem Kindheits-Ich, und sprechen Sie ihm Ihren Dank und Ihre Wertschätzung aus, etwa mit folgendem Satz: „Ich danke dieser Schöpfung, die mir diese Erfahrung ermöglicht hat. Ich transformiere sie jetzt." Wählen Sie einfach für Sie passende Worte. Anschließend sagen Sie zu Ihrem inneren Anteil, dass Sie ihn mit seinen Gefühlen wahrnehmen und ihn ab jetzt bewusst unterstützen werden. Er ist nun nicht mehr alleine mit seinen Gefühlen.

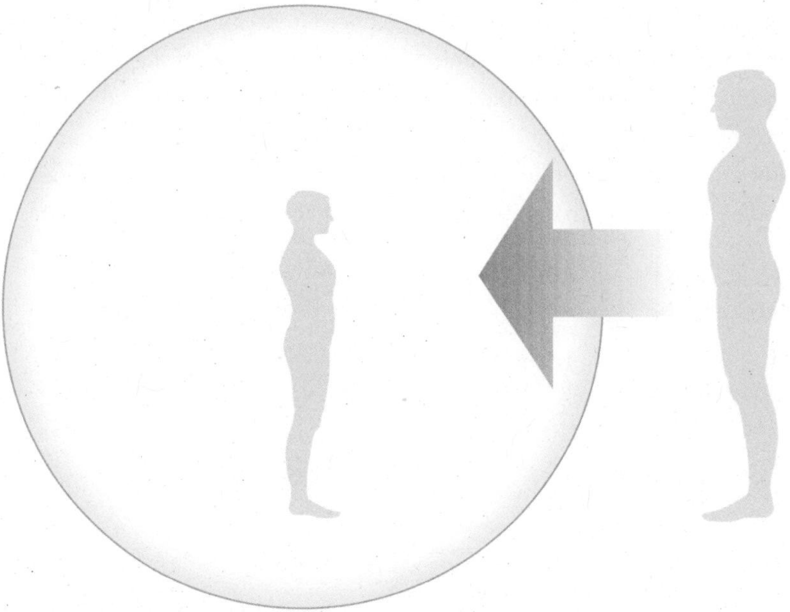

3. Schritt: Holen Sie sich die Energie aus Ihrer Schöpfung zurück

Jeder innere Anteil und jedes dazugehörige Muster bindet Energie, die Ihnen für eine neue Kreation fehlt. Deshalb ist es wichtig, in diesem Schritt des Prozesses die gebundene Energie zu befreien und zu sich zurückzuholen. Die befreite Schöpfungsenergie nehmen Sie in sich auf und spüren, wie Sie dadurch stärker und größer werden.

Praktische Anleitung des dritten Schrittes

Sie stehen immer noch vor der visualisierten Blase, in der sich der innere Anteil befindet. Stellen Sie sich nun eine halb durchlässige Membran wie einen Filter zwischen sich und der Blase vor, durch die Sie die reine Schöpfungsenergie aus dem alten Muster herausziehen. Richten Sie dazu Ihre Handflächen zur Blase hin aus und sprechen Sie die Worte: „Die reine Energie aus dieser Schöpfung und diesen Gefühlen fließt jetzt zu mir." (s. Abbildung unten)

Spüren und sehen Sie, wie Sie die Energie durch die Handflächen aufnehmen. Vielleicht spüren Sie Wärme oder ein Kribbeln. Während Sie die Energie herausziehen und aufnehmen und dabei immer größer und stärker werden, wird die Blase und damit auch das alte Muster immer kleiner. Belastende Bilder und Erinnerungen, die mit diesem Anteil in Zusammenhang stehen, rücken in immer weitere Ferne, bis sie verschwunden sind. Am Ende bleibt nur noch der innere Anteil übrig, der Ihnen gegenübersteht.

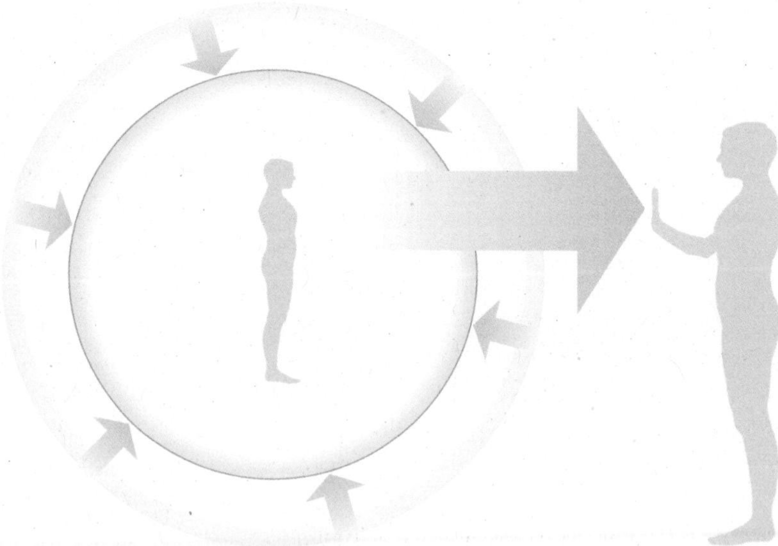

4. Schritt: Nehmen Sie Ihren Anteil mit seinem Gefühl liebend an

Bevor Sie im letzten Schritt des Prozesses neue Kreationen in Ihrem Leben erschaffen können, müssen Sie Ihren inneren Anteil, der Ihnen am Ende des dritten Schrittes gegenübersteht, liebevoll annehmen. Erst dadurch findet der eigentliche Transformationsprozess statt.

Praktische Anleitung des vierten Schrittes

Strecken Sie Ihre Arme nach dem inneren Anteil aus (s. Abbildung rechts) und führen Sie ihn mit seinem Gefühl sanft an Ihr Herz. Ermöglichen Sie ihm, sich sicher und geliebt bei Ihnen zu fühlen. Durch diese liebevolle Annahme versöhnen Sie ihn mit sich selbst, wodurch das alte Muster transformiert wird. Bisher verdrängte Gefühle werden integriert. Verbinden Sie sich nochmals bewusst mit Ihrem inneren Selbst, spüren Sie seine unterstützende Energie und die Liebe, die zu Ihnen und dem inneren Anteil strömt. Alle Spannungen, die noch in Ihrem Körper vorhanden sind, können Sie an Ihr inneres Selbst abgeben. Spüren Sie, wie Sie ruhiger werden und wie gleichzeitig Ihre Energie zunimmt.

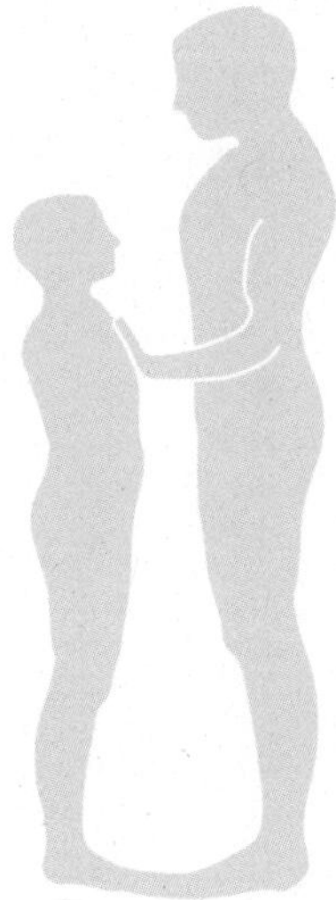

5. Schritt: Erschaffen Sie eine neue, erfüllte Realität

Nachdem Sie aus Ihrer Alltagstrance herausgetreten sind, Ihre Schöpfung gewürdigt haben, gebundene Schöpferenergie zurückgeholt und Ihren inneren Anteil liebevoll angenommen haben, öffnen Sie sich im letzten Schritt des Prozesses *Schöpfer-Transformation* Ihrem unbegrenzten Potenzial und visualisieren Ihre Wunschrealität. Mit *Schöpfer-Transformation* werden Wünsche realisiert, die umsetzbar sind und im Einklang mit dem Gesamtbewusstsein der Menschen stehen. Es kann auch ein zunächst nicht konkreter Wunsch sein. In diesem Fall bitten Sie Ihr inneres Selbst zu wählen, welches Ziel, welcher Schritt jetzt für Sie sinnvoll ist. In Ihnen kann dann ein entsprechendes Bild auftauchen, das Sie mit Schöpfer-Energie füllen.

Praktische Anleitung des fünften Schrittes

Nehmen Sie zunächst innerlich Kontakt mit einem Wunsch auf, etwa mehr Vertrauen ins Leben zu haben. Lassen Sie vor sich ein Bild von sich selbst entstehen, in dem Sie bereits das erreicht haben, was Sie sich wünschen. Zum Beispiel sehen Sie sich voller Freude, mit Vertrauen in sich selbst und ins Leben. Lassen Sie dieses Bild farbiger und lebendiger werden, indem Sie Ihre Handflächen darauf richten und schöpferische Energie hineinfließen lassen (s. Abbildung unten).

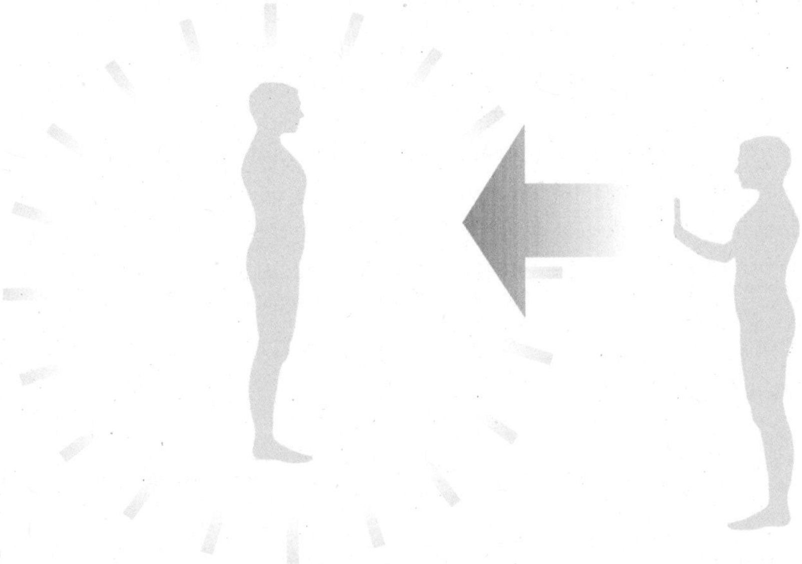

Wenn Sie Ihre neue Realität wirklich zum Leben erweckt haben, sie lebendig, bunt und pulsierend vor sich sehen, treten Sie einen Schritt vor. Begeben Sie sich in diese erfüllte Version von sich selbst hinein und spüren Sie die Kraft dieser Wirklichkeit (s. Abbildung rechts). Baden Sie sich darin und bedanken Sie sich für dieses Gefühl und dafür, dass Sie in die größere Realität Ihres eigenen Schöpfertums erwacht sind. Vielleicht sind folgende Worte passend für Ihren Dank: „Danke für diese Schöpfung, sie ermöglicht mir neue, schöne Erfahrungen!“ Wenn nicht, finden Sie sicher eigene Worte, denn Ihrer Kreativität sind nun keine Grenzen mehr gesetzt.

Damit ist eine Sitzung der *Schöpfer-Transformation* abgeschlossen. Die Wirkung entfaltet sich in der Folgezeit jedoch weiter in Ihrem Körper, Ihren Gefühlen und Ihren Gedanken. Wie fühlen Sie sich nach der ersten Durchführung von *Schöpfer-Transformation*? Können Sie bereits erste Veränderungen in sich spüren? Lassen Sie sich Zeit, das Erlebte zu integrieren. Nachdem Sie die fünf Schritte gemacht haben, geht der Veränderungsprozess ohne Ihr bewusstes Zutun in den nächsten Stunden und Tagen weiter. Führen Sie ein Transformations-Tagebuch, um die Veränderungen in Ihren Gedanken, Ihren Gefühlen und in Ihrem Körperempfinden aufzuschreiben. Dadurch werden Sie Ihnen noch bewusster und können somit leichter verankert werden.

Vielleicht haben Sie sich bereits gefragt, ob es ausreicht, *Schöpfer-Transformation* zu einem Thema nur ein einziges Mal durchzuführen. Das kann manchmal der Fall sein, meistens ist es jedoch so, dass der Transformationsprozess zu einem Thema mehrmals durchgeführt werden sollte. Sie können sich ein altes Muster wie eine Zwiebel vorstellen. Jedes Mal, wenn dieses Muster mit den damit verbundenen Gefühlen, Gedanken und Körperempfindungen durch eine bestimmte Situation aktiviert wird und Sie den Prozess durchführen, lösen sich eine oder mehrere Schichten von dieser Zwiebel. Sie fühlen sich erleichtert und bemerken eine Veränderung. Da aber noch weitere Schichten vorhanden sind, wird das Muster später durch eine ähnliche Situation erneut aktiviert. Wenn Sie *Schöpfer-Transformation* mehrmals durchführen, kommen Sie dem Kern des Musters, das heißt dem Kern der Zwiebel immer näher, bis auch dieser Bereich vollständig transformiert ist. Von einer vollständigen Transformation eines Musters können Sie dann ausgehen, wenn ähnliche Situationen in Ihnen nicht mehr die gleichen Gedanken und Gefühle auslösen wie zuvor; oder aber eine solche Situation taucht gar nicht mehr in Ihrem Leben auf. Stattdessen zeigt sich nun immer häufiger Ihre neue und erwünschte Realität.

12 | 11 Tipps, damit der Prozess gelingt

Bei jedem der fünf Schritte des Prozesses *Schöpfer-Transformation* können Schwierigkeiten auftreten. Folgende Tipps helfen Ihnen dabei, mit derlei Schwierigkeiten umzugehen und den größtmöglichen Nutzen aus dem Prozess *Schöpfer-Transformation* zu ziehen.

1. Tipp:
Gehen Sie mit einer Anfängerhaltung an den Prozess heran

Wenn Sie den Prozess das erste Mal durchführen, ist eine Art Anfängerhaltung nützlich, denn Sie betreten Neuland. Sehen Sie die Durchführung des Prozesses als einen Lernprozess, in dessen Verlauf Ihnen die praktische Umsetzung von Mal zu Mal leichter fällt. Ebenso können Sie die Wirksamkeit der einzelnen Schritte nach und nach immer deutlicher spüren. Gehen Sie mit einer neugierigen Haltung an die einzelnen Schritte heran und seien Sie sich bewusst, dass Sie dabei keine Fehler machen können. Alles, was Sie tun und was geschieht, ist richtig.

Schöpfer-Transformation gleicht einer Entdeckungsreise hin zu einem erfüllten Leben. Nehmen Sie sich genügend Zeit, um jeden einzelnen Schritt kennenzulernen und die Grundzüge zu verinnerlichen, damit sich der Ablauf des Prozesses in Ihnen verankert. Seien Sie während der ersten Zeit der Praxis geduldig mit sich selbst und erwarten Sie zunächst nicht zu viel, was mögliche Ergebnisse des Prozesses anbelangt. Manche Menschen spüren die Wirksamkeit der einzelnen Schritte sehr schnell, andere brauchen etwas länger. So oder so werden Sie mit der Zeit in der Lage sein, alte Muster zu transformieren und Ihre Wünsche und Ziele zu erreichen.

Wenn Sie an einem bestimmten Punkt nicht weiterkommen, etwa, wenn es Ihnen nicht gelingt, trotz zweimaligen Heraustretens aus der Blase den Trancezustand zu verlassen und im Hier und Jetzt anzukommen, machen Sie eine Pause. Widmen Sie sich erst einmal anderen Dingen, bevor Sie den Prozess später wiederholen. Oftmals funktioniert es mit einem gewissen Abstand dann wesentlich besser. Es wird bestimmte Tageszeiten, entsprechend Ihrem Biorhythmus, geben, zu denen Ihnen die Durchführung des Prozesses leichter gelingt. Wenn Sie müde oder erschöpft sind, ist es besser, sich zunächst auszuruhen und erst danach den Prozess zu beginnen. Ihnen läuft die Transformation alter Muster nicht davon. Was jahrelang in Ihrer Psyche, Ihrem Körper und Ihrem Unterbewusstsein Bestand hatte, kann auch noch einen Tag oder einige Zeit länger warten, bis Sie sich diesen Gefühlen und Mustern widmen.

Wann immer Sie merken, dass Sie sich unter Druck setzen, um möglichst schnell ein Muster zu transformieren oder bestimmte Ziele zu erreichen, ist das ein Hinweis darauf, dass Ihr innerer Antreiber, Perfektionist oder Kritiker am Werk ist. In solchen Situationen ist es erst recht wichtig, nicht einfach weiterzumachen, sondern sich zunächst diesen Beschützeranteilen zu widmen. Sie können in einen inneren Dialog eintreten bzw. an Ihren inneren Kritiker oder Antreiber schreiben und ihm mitteilen, dass Sie seine Anwesenheit und Bemühungen bemerken. Sagen Sie ihm, dass Sie seine guten Absichten erkennen, aber machen Sie ihm auch deutlich, dass Sie sich nicht stressen wollen. Bevor Sie an Ihrem eigentlichen Thema weiterarbeiten, sollten Sie sich zunächst den einzelnen Beschützeranteilen wie dem Kontroll-Ich, dem Perfektionisten und dem inneren Kritiker widmen. Alle diese inneren Anteile haben bisher der Führung Ihres Erwachsenen-Ich nicht vertraut. Indem Sie den Prozess *Schöpfer-Transformation* regelmäßig durchführen und auf diese Weise immer mehr in Kontakt mit Ihren Qualitäten wie Sicherheit und Frieden kommen, bemerken das Ihre inneren Anteile und können mehr entspannen. Dadurch werden Sie weniger unter dem Druck des Perfektionismus und der inneren Abwertung leiden.

Arbeiten Sie zum Beispiel zunächst mit dem inneren Antreiber. Führen Sie dazu die oben beschriebenen fünf Schritte des Prozesses *Schöpfer-Transformation* aus. Stellen Sie sich zu Anfang mit diesem Teil in die Blase, treten Sie dann nach hinten heraus und lassen den Antreiber in der Blase zurück. Anschließend lassen Sie die Blase kleiner werden und somit auch den inneren Antreiber. Sie erhalten die Energie, die in diesem Beschützeranteil gespeichert war, zurück und werden größer als er. Auf diese Weise können

Sie ihn nun leichter annehmen und seine Bemühungen wertschätzen. Im letzten Schritt stellen Sie sich vor, dass Sie auf gelassene Art und Weise Ihr Leben leben und den Prozess ohne inneren Druck durchführen. Arbeiten Sie auf gleiche Weise mit Ihrem Kontroll-Ich, dem Perfektionisten und dem inneren Kritiker. Durch diese Vorarbeit mit Ihren Beschützeranteilen können Sie den Prozess mit Ihren anderen Themen viel leichter und wirksamer durchführen.

2. Tipp:
Lassen Sie Ihre Unruhe in der Blase zurück

Wenn Sie nach dem ersten Schritt aus der Blase ins Hier und Jetzt noch nicht genügend Abstand von dem inneren Anteil in der Blase haben, haben Sie folgende Möglichkeit: Sie können, wenn Sie vor der Blase stehen, Ihre innere Unruhe und Anspannung mit den Händen greifen, sie aus Ihrem Körper herausziehen und in die Blase vor Ihnen werfen. Machen Sie das so lange, bis Sie das Gefühl haben, dass Sie sich deutlich von diesem inneren Anteil in der Blase unterscheiden. Falls auch das nicht ausreichen sollte, wiederholen Sie den kompletten ersten Schritt und setzen Ihre Sinne intensiv ein, um ins Hier und Jetzt zu gelangen. Hilfreich kann auch die Übung sein, die ich in Kapitel 7 beschrieben habe und die eine Verbindung zwischen Bauch-, Herz- und Kopfgehirn herstellt. Sie können sie auch sehr gut im Stehen anwenden, nachdem Sie aus der Blase herausgetreten und ins Hier und Jetzt gelangt sind. Die Verbindung dieser Zentren hilft Ihnen ganz besonders dann, wenn es Ihnen schwerfällt, im Hier und Jetzt anzukommen.

3. Tipp:
Arbeiten Sie mit allen Gefühlen, die kommen, auch mit den unerwarteten

Wenn Sie nach dem Heraustreten aus der Blase und den weiteren Schritten plötzlich noch ein anderes Gefühl verspüren als das, mit welchem Sie gerade arbeiten, machen Sie einen zweiten Durchgang des Prozesses mit dem neu aufgetauchten Gefühl. Nehmen wir an, Sie haben Angst verspürt und mit diesem Gefühl und inneren Anteil gearbeitet. Doch im Verlaufe des Prozesses oder danach empfinden Sie unerwartet ein ganz anderes Gefühl; sie sind nicht mehr ängstlich, sondern etwa traurig. In diesem Fall machen Sie einen zweiten Durchgang des Prozesses mit dem Gefühl der Traurigkeit. Stellen Sie sich dafür mit dem inneren Anteil, der traurig ist, in die Blase und arbeiten mithilfe der fünf Schritte mit diesem Thema.

4. Tipp:
Sie verlassen Ihr inneres Kind nicht, wenn Sie aus der Blase treten

Wenn es Ihnen sehr schwerfällt, aus der Blase herauszutreten und Ihren Kindanteil in der Blase zurückzulassen, kann es sein, dass Sie das Gefühl haben, diesen Teil im Stich zu lassen. Dem ist aber nicht so. Ihr Erwachsenen-Ich braucht einen gewissen Abstand, um mit dem inneren Anteil liebevoll kommunizieren und ihn annehmen zu können. Wenn eine Mutter sich neben ihr bitterlich weinendes Kind kniet und schmerzerfüllt mitweint, ist das nicht besonders hilfreich für ihr Kind. Nur wenn sie einen gewissen Abstand zu den starken Emotionen ihres Kindes hat, kann sie als Erwachsene überhaupt mitfühlend auf das Kind eingehen. Für Sie bedeutet dies, dass Sie mit Ihrem inneren Kind oder irgendeinem anderen inneren Anteil erst dann gewinnbringend kommunizieren und ihm Sicherheit und Liebe geben können, wenn Sie diesen Schritt aus der Blase heraus gemacht haben und sich als erwachsenes und verbundenes Ich im Hier und Jetzt befinden.

5. Tipp:
Sympathie und Liebe helfen, unerwünschte innere Anteile anzunehmen

Es kann sein, dass Sie im dritten Schritt spüren, dass Sie diesen inneren Anteil nicht oder nur schwer annehmen können. Kommt dies vor, dann ist es hilfreich, sich bewusst an Situationen zu erinnern, in denen Sie sich sehr gemocht und besonders gut gefühlt haben. Spüren Sie diese Gefühle in Ihrem Herzzentrum und widmen Sie sich, von diesen Gefühlen ausgehend, wieder Ihrem inneren Anteil. Sie können sich auch ein Kind aus Ihrer Verwandtschaft oder Ihrem Freundeskreis vorstellen, das Sie sehr mögen. Spüren Sie die Liebe, die in Ihrem Herzen auftaucht, wenn Sie sich vorstellen, dass dieses Kind traurig ist oder Angst hat. Auch Ihr innerer Anteil in der Blase ist traurig oder hat Angst. Übertragen Sie genau diese Liebe und genau dieses Mitgefühl auf Ihren inneren Anteil.

6. Tipp:
Ihr Erwachsenen-Ich ist für Ihre Wünsche zuständig

Im fünften Schritt der *Schöpfer-Transformation*en visualisieren Sie Ihre Wunschvorstellung, etwa, wie Sie sich künftig in bestimmten Situationen fühlen wollen: Stark statt hilflos oder freudvoll und mutig anstatt ängstlich. Wichtig ist zu wissen, dass die Wunschrealität vom Erwachsenen-Ich, das in stärkerer Verbindung mit dem inneren Selbst steht, geformt wird. Zwar haben auch Ihre inneren Anteile Wünsche, und zudem oft recht unterschiedliche. Dennoch sollte Ihr Erwachsenen-Ich, das sich durch die Arbeit mit dem Prozess in ständigem Wachstum befindet, in der Welt der inneren Anteile die Führung haben. Seine Aufgabe ist es, dafür zu sorgen, dass nicht die Wünsche verfolgt werden, die die einzelnen Kontroll- oder Beschützeranteile vorgeben, sondern jene, die wirkliche Herzenswünsche sind und die Sie zu einem erfüllten Leben führen.

Gleichwohl können manche Wünsche, die von inneren, begrenzten Anteilen stammen, für Ihre weitere Entwicklung hilfreich sein. Wenn zum Beispiel Ihre inneren Kindanteile sich Anerkennung oder Sicherheit wünschen, können Sie an diesen Themen mithilfe des Fünf-Schritte-Prozesses gezielt arbeiten. Treten Sie mit dem Kindanteil, der sich Sicherheit wünscht, in Kontakt. Sie werden spüren, dass hinter dem Wunsch nach Sicherheit Ängste stecken. Finden Sie heraus, um welche Ängste es sich handelt und in welchem Alter sie erstmals aufgetreten sind. Dann arbeiten Sie mithilfe des Prozesses mit diesem speziellen Anteil. Im letzten Schritt nehmen Sie mit einer erwünschten Realität Kontakt auf, in der Sie und dieser innere Anteil sich sicher fühlen. Diese Sicherheit entsteht nun aus Ihnen selbst heraus. Auch hinter dem Wunsch des Kontroll-Ich nach Absicherung steht der Wunsch nach innerem Frieden. Wenn Sie mit diesem Teil von sich arbeiten und ihn transformieren, können Sie in Kontakt kommen mit echter innerer Harmonie, innerem Frieden und Gelassenheit.

Folgende **Übung** hilft Ihnen herauszufinden, woher Ihre Wünsche stammen. Sobald Sie sich auf diese Weise mit den Wünschen Ihrer Anteile beschäftigt haben, werden Sie künftig rasch erkennen, von welchem inneren Anteil ein Wunsch kommt, und Ihr Erwachsenen-Ich kann Sorge dafür tragen, dass Sie Ihre Herzenswünsche auch realisieren.

Und so geht es: Schreiben Sie zunächst alle Teile auf, die Sie von sich kennen, und versuchen Sie dabei folgende innere Anteile zu identifizieren:

- den inneren Antreiber, der Sie dazu antreibt, bestimmte Ziele zu erreichen, die vom Perfektionisten vorgegeben werden;
- den Perfektionisten, der bestimmte Ziele, die Sie aus der Gesellschaft oder von den Eltern übernommen haben, verfolgen möchte;
- den inneren Kritiker, der Sie dafür kritisiert, dass Sie bestimmte Ziele nicht erreicht haben und der gerne auch andere Menschen kritisiert;
- die verschiedenen inneren Kindanteile wie das ängstliche, das traurige oder wütende Kind;
- das Kontroll-Ich, das versucht, Sie im Alltag funktionstüchtig zu halten und Ihnen hilft, unangenehme Gefühle zu verdrängen;
- die inneren Suchtanteile und Notfallhelfer, die versuchen, mit schwierigen Gefühlen umzugehen.

Anschließend notieren Sie die Wünsche jedes dieser Anteile. Ihr Perfektionist könnte sich beispielsweise wünschen, dass Sie noch effektiver und besser in Ihrem Beruf arbeiten und baldmöglichst auf der Karriereleiter aufsteigen, um mehr Gehalt zu bekommen. Ihr innerer Antreiber unterstützt den Perfektionen dabei und lässt Sie kaum zur Ruhe kommen. Zudem wird als Dritter im Bunde Ihr innerer Kritiker aktiv und kritisiert Sie, wenn Sie dieses Ziel nicht in der vorgegebenen Zeit oder eventuell gar nicht erreichen. Das führt zu Stress und innerer Unruhe. Ihre inneren Kindanteile dagegen wünschen sich zumeist Liebe, Geborgenheit und Verständnis und erhoffen sich das von einem

Partner oder anderen Menschen in Ihrem Freundes- und Bekanntenkreis. Ihr Kontroll-Ich möchte vielleicht, dass alles seinen gewohnten Gang geht und so wenig wie möglich im Leben verändert wird.

7. Tipp:

Bitten Sie Ihr inneres Selbst um eine Wunschvorstellung

Manchmal kann es schwerfallen, im fünften Schritt ein Ziel oder eine Wunschvorstellung zu formulieren oder ein Bild davon zu entwerfen. Dann ist es hilfreich, mit dem inneren Selbst in Kontakt zu treten. Bitten Sie es, in Ihnen einen Satz oder ein Bild auftauchen zu lassen, das für das Thema, das Muster oder das Gefühl, das Sie transformieren möchten, unterstützend ist.

Vielleicht leiden Sie in Ihrer Partnerschaft unter Verlustangst und es fällt Ihnen schwer, sich eine andere Realität vorzustellen. **Sandra** erging es so, als sie mit ihrer Verlustangst arbeitete. Sandra hat einen inneren Anteil identifiziert, der bereits in ihrer Kindheit Angst hatte, ihre Mutter zu verlieren, die oft krank war. Die gleiche Angst spürt sie heute innerhalb ihrer Partnerschaft. Nachdem sie alle Schritte des Prozesses *Schöpfer-Transformation* gemacht hat, fällt ihr im letzten Schritt zunächst kein Ziel oder Bild dazu ein. Sandra geht deshalb nach innen und bittet ihr inneres Selbst um Unterstützung. Plötzlich taucht ein Bild vor ihrem inneren Auge auf, in dem sie sich selbst mit dem Leben und anderen Menschen ganz verbunden fühlt. Dieses Bild verwendet sie nun im fünften Schritt und stellt sich vor, dass die Version von ihr vor ihr steht, die bereits in dieser Realität lebt. Nachdem sie den Schritt in diese Realität gemacht hat, kann sie diese tiefe Verbundenheit und Sicherheit noch stärker in sich spüren.

Häufig ist es sogar besser, Visionen in Ihrem Inneren durch Ihr inneres Selbst aufscheinen zu lassen als mit Bildern zu arbeiten, die Ihnen im fünften Schritt des Prozesses spontan einfallen. Denn spontan auftretende Bilder können durchaus von einigen eher begrenzten inneren Anteilen stammen, die nur eine begrenzte Vorstellungskraft haben (s. dazu auch Tipp 6).

8. Tipp:
Kombinieren Sie Schöpfer-Transformation richtig mit anderen Methoden

Wenn Sie möchten, können Sie den Prozess *Schöpfer-Transformation* mit anderen von Ihnen bereits erlernten Methoden wie Meditation, Entspannungstraining, kreatives Visualisieren oder Coaching kombinieren. Dabei sollten Sie allerdings darauf achten, dass innere Teile wie der Perfektionist, der Antreiber oder der innere Kritiker diese Methode nicht dazu missbrauchen, möglichst schnell persönliche Ziele zu erreichen. Wenn dies geschieht, ist es sinnvoller, mit der Methode für eine Weile auszusetzen und zunächst nur den Prozess *Schöpfer-Transformation* anzuwenden. Damit können Sie, wie oben beschrieben, mit den Beschützeranteilen arbeiten, um einen klaren und gelassenen Umgang mit den alten Mustern und Gefühlen zu finden. Wenn die Muster aufgelöst sind, können Sie parallel wieder meditieren, Yoga üben oder sich coachen lassen.

9. Tipp:
Nehmen Sie sich Zeit, die Veränderungen in Ihr Leben zu integrieren

Wie gesagt, ist der Prozess umso wirkungsvoller, je öfter er zu einem Thema wiederholt wird. Allerdings sollten Sie sich Zeit zwischen den einzelnen Durchführungen lassen. Nehmen Sie sich mindestens die Zeit, die Sie brauchen, um innerlich wieder zur Ruhe zu kommen und einen kleinen Abstand zu dem eben durchgeführten Prozess und den alten Mustern zu spüren. Wenn Sie danach den Impuls dazu verspüren, können Sie den Prozess erneut, auch am gleichen Tag, durchführen. Aber übertreiben Sie es nicht. Denn grundsätzlich gilt: Weniger ist mehr.

Der Prozess *Schöpfer-Transformation* ist ein mächtiges Werkzeug, um innere Muster und die äußere Realität zu verändern. Ihr Körper- und Energiesystem braucht deshalb eine gewisse Zeit, um die Veränderungen zu integrieren. Indem Sie den Prozess regelmäßig durchführen, wird Ihr inneres Selbst zum Spiegelbild des größeren Schöpfer-Selbst. Dieser Teil in Ihnen erwacht umso mehr, je öfter Sie den Prozess durchführen, und entfaltet das große Potenzial, das in Ihnen bisher geruht hat. Eine grundlegende Veränderung! Sie werden merken, dass es Ihnen mit der Zeit immer leichter fällt, aus der Tranceblase herauszutreten, sich im Hier und Jetzt zu verankern und anschließend die weiteren Schritte durchzuführen. Wenn Sie Zugang zu Ihrer eigenen Liebesfähigkeit haben, ist das ein natürlicher Ausdruck der Essenzqualität Ihres inneren Selbst. Auch das kreative Erschaffen von erwünschten Zuständen im fünften Schritt fällt wesentlich leichter, da Sie Inspiration und Energie von Ihrem inneren Selbst erhalten. Auf rein körperlicher Ebene geschehen ebenfalls grundlegende Veränderungen: Aufgrund der Neuroplastizität des Kopfgehirns entstehen neue Verbindungen, die die erlebten positiven Veränderungen verankern. Deswegen können diese neuen Erfahrungen späterhin viel leichter erneut abgerufen werden. In Ihrem Herz- und Bauchgehirn entstehen gleichfalls neue neuronale Verbindungen, denn sie stehen wie beschrieben mit dem Kopfgehirn in Verbindung und reagieren auf dessen Veränderung (wie auch umgekehrt). Durch den Prozess verbinden sich Bauch-, Herz- und Kopfgehirn wesentlich stabiler als zuvor. In Folge entsteht statt eines Teufelskreislaufs ein „Engelskreislauf". Das bedeutet, dass das Auflösen alter Muster und das Erreichen von Zielen immer leichter und schneller möglich wird. Die Transformation beschleunigt sich.

10. Tipp:
Tauschen Sie sich mit anderen aus und bestärken Sie sich gegenseitig auf Ihrem Weg

Wenn Sie mit Menschen in Kontakt stehen, die sich ebenfalls in einem ähnlichen Prozess befinden, ist dies hilfreich für Ihre eigene Entwicklung und Ihre Arbeit mit dem Prozess *Schöpfer-Transformation*. Tauschen Sie sich mit anderen über Ihre Erfahrungen aus und bestärken Sie sich gegenseitig auf Ihrem Weg. Dann fällt es auch Ihrem inneren Kritiker immer schwerer, Ihnen Stolpersteine in den Weg zu legen. Durch die gegenseitige Unterstützung entwickeln Sie immer mehr Vertrauen in sich und Ihre Bemühungen. Wenn sich Menschen, die sich in einem Transformationsprozess befinden, austauschen, entsteht ein Resonanzfeld, in dem eigene Prozesse beschleunigt ablaufen. Auch in meinen Seminaren und in der Begleitung von Einzelpersonen mache ich die Erfahrung, dass in einem solchen Rahmen die eigene Transformation wesentlich schneller erfolgt und zugleich verstärkt wird.

11. Tipp:

Nutzen Sie den Fünf-Schritte-Prozess nicht nur in akuten Situationen

Sie können den Fünf-Schritte-Prozess auf zwei Arten anwenden. Zum einen können Sie mit dem Prozess mit Gefühlen arbeiten, die gerade aktiv sind und in einer spezifischen Situation ausgelöst wurden. Zum anderen können Sie ihn dazu verwenden, mit Gefühlen oder belastenden Mustern zu arbeiten, auch wenn diese im Moment nicht aktiviert sind. Spüren Sie dazu nach, welche Muster, Themen oder Gefühle Sie immer wieder belasten. Erinnern Sie sich an eine Situation, in der diese Gefühle und dieses Muster ausgelöst waren und arbeiten Sie mit ihnen wie oben beschrieben. Wenn es Ihnen hauptsächlich um die Transformation innerer Anteile und der damit verbundenen Gefühle wie Angst, Wut oder Traurigkeit geht, dann arbeiten Sie direkt mit diesen Anteilen. Finden Sie heraus, in welchem Alter Sie dieses Gefühl oder dieses Muster schon einmal wahrgenommen haben. Sodann stellen Sie sich mit dem Anteil, der diese Gefühle damals hatte, in die Blase und führen die fünf Schritte durch, wobei Sie im letzten Schritt visualisieren, wie Sie sich künftig in einer ähnlichen Situation fühlen wollen. Nach mehrmaliger Durchführung werden Sie immer öfter wahrnehmen, dass Sie in ähnlichen Situationen anders reagieren und sich anders fühlen. Ihre inneren Qualitäten, Ihr innerer Reichtum entfaltet sich in Ihrem Alltag.

13 | Schöpfer-Transformation in Aktion: Die praktische Umsetzung im Alltag

Im Folgenden finden Sie zahlreiche Anregungen, in welchen Bereichen Ihres Lebens Sie den Prozess *Schöpfer-Transformation* gewinnbringend einsetzen können. Das Besondere ist, dass alle Veränderungen immer ganzheitlich geschehen, unabhängig davon, ob Sie auf der emotionalen, gedanklichen oder körperlichen Ebene arbeiten. Wenn Sie mit Ihren Emotionen arbeiten, findet gleichzeitig eine Veränderung auf der gedanklichen und körperlichen Ebene statt und umgekehrt. Darüber hinaus können Sie mit dem Prozess auf der kreativen Ebene arbeiten.

Die Arbeit auf der Ebene der Gefühle

Sie können mit dem Prozess *Schöpfer-Transformation* auf der emotionalen Ebene arbeiten, wenn Sie Gefühle von Traurigkeit, Angst oder Unsicherheit, ein emotionaler Schmerz oder auch Wut und Ärger belasten. Sie können ihn zum Beispiel dann einsetzen, wenn in Ihrer Partnerschaft eine belastende Situation wiederholt auftritt und Sie immer wieder dem gleichen Gefühl ausgeliefert sind. Stellen Sie sich vor, Ihr Partner bzw. Ihre Partnerin verärgert Sie, indem er oder sie etwas sagt, das aus Ihrer Sicht ganz und gar nicht stimmt. Sie fühlen sich völlig missverstanden und können den Konflikt in einem Gespräch nicht klären. Statt weiter zu streiten oder sich einfach nur wütend zurückzuziehen, haben Sie mit *Schöpfer-Transformation* die Möglichkeit, die Situation grundlegend und dauerhaft zu verändern. Erklären Sie in solch einer Situation Ihrem Partner/Ihrer Partnerin, dass Sie zunächst Zeit für sich brauchen und das Gespräch später fortsetzen wollen. Suchen Sie sich anschließend einen ruhigen Ort, an dem Sie die fünf Schritte des Transformationsprozesses durchführen können. Finden Sie im ersten Schritt heraus, welches Gefühl eben in Ihnen ausgelöst wurde. Sie erkennen, dass Sie sich unverstanden gefühlt haben und deswegen wütend wurden, und zwar nicht zum ersten Mal. Ihnen wird beispielsweise bewusst, dass Sie sich als achtjähriges Kind bereits von Ihrer Mutter, die häufig überfordert war, nicht wirklich gesehen und verstanden fühlten.

Vielleicht haben Sie schon damals diese verzweifelte Wut gespürt, oder Sie haben dieses Gefühl weitgehend verdrängt, aus Angst, nicht mehr geliebt zu werden, wenn Sie Wut zeigen. Sehen Sie sich nun als Erwachsenen-Ich in der Blase stehen. Gleichzeitig sehen Sie innerhalb der Blase auch das achtjährige Kind vor sich stehen, das wütend ist und sich unverstanden fühlt. Treten Sie dann bewusst nach hinten aus der Blase heraus, während Ihr Kind-Ich darin bleibt. Nehmen Sie sich genügend Zeit, ins Hier und Jetzt zu kommen (Schritt 1). Durch die entstehende Verbindung mit Ihrem inneren Selbst sind Sie genügend gestärkt, um sich Ihrem inneren Kindanteil zuzuwenden und ihn mit all seinen Emotionen wertzuschätzen und zu würdigen: Das ist wertvoll, denn es ist etwas, das bisher weder Sie selbst noch Ihre Mutter oder Ihr Partner bzw. Ihre Partnerin ihm geben konnten (Schritt 2). Ziehen Sie dann die reine Schöpfungsenergie aus der Blase heraus. Sie werden immer größer und stärker, die Blase hingegen kleiner, bis sie verschwunden ist. Menschen wie Ihre Mutter und Ihr Partner bzw. Ihre Partnerin, die dieses Gefühl der Wut und des Unverstandenseins in Ihnen ausgelöst haben, werden in Ihrer Vorstellung ebenfalls kleiner und verschwinden schließlich ganz aus Ihrem Bewusstseinsfokus. Zum Schluss bleibt nur noch das achtjährige Kind übrig (Schritt 3). Nehmen Sie das Kind jetzt zu sich, führen Sie es sanft an Ihr Herzzentrum und spüren Sie Ihre Liebe für diesen Teil von sich. Die nochmalige bewusste Verbindung zu Ihrem inneren Selbst hilft Ihnen bei diesem Schritt, indem Sie Liebe sowohl für sich selbst als Erwachsenen-Ich als auch für das innere Kind spüren können. Es findet nun eine tief greifende Transformation und eine Integration des bisher weitgehend verdrängten inneren Anteils statt. Fühlen Sie die innere Erleichterung und die Entspannung Ihres Körpers (Schritt 4).

Im letzten Schritt fragen Sie sich, wie Sie sich heute in ähnlichen Situationen mit Ihrem Partner bzw. Ihrer Partnerin fühlen möchten. Vielleicht wollen Sie innerlich gelassen und stark sein, damit Sie sich nicht mehr völlig unverstanden und wütend fühlen, wenn Ihr Partner bzw. Ihre Partner sich wieder so verhält. Stellen Sie sich die Version von Ihnen vor, die das schon erreicht hat, was Sie sich wünschen. Vor Ihnen steht nun die Version von Ihnen selbst, die sich in diesen Situationen stark und gelassen fühlt. Dann richten Sie die Handflächen zu diesem Wunschbild und lassen Energie zu diesem Bild fließen, sodass dieses noch deutlicher, lebendiger und farbiger wird. Zum Schluss treten Sie einen Schritt nach vorne in dieses Bild hinein und fühlen, wie es ist, innerlich stark und gelassen zu sein. Lassen Sie diese neue Realität auf sich wirken. Ihr inneres Selbst unterstützt Sie bei diesem Schritt durch die Ressourcen und Verbindungen, die es hat und Ihnen jetzt zukommen lässt. Bedanken Sie sich bei dieser neuen, von Ihnen erschaffenen Realität (Schritt 5). Nachdem Sie die fünf Schritte durchgeführt haben, können Sie wieder auf Ihren Partner/Ihre Partnerin zugehen und erneut mit ihm/ihr sprechen. Diesmal jedoch in einem völlig neuen Zustand – Ihr Gegenüber wird diese Veränderung ebenso spüren wie Sie selbst. Ein konstruktives Gespräch ist nun möglich. Ähnlich können Sie vorgehen, wenn Sie sich etwa im Beruf in einer bestimmten Situation ohnmächtig fühlen oder mit Bekannten und Freunden einen Konflikt haben.

„Ich bin immer wieder überrascht, wie schnell und leicht die Schöpfer-Transformation bei mir wirkt! Wenn ich den Transformationsprozess mit Gefühlen mache, die in bestimmten Situationen entstehen, spüre ich direkt hinterher schon eine Erleichterung. Ich bin wesentlich mehr in meiner Mitte und fühle mich gestärkt.“ [Gerlinde, 56 Jahre]

„Mein Partner und ich waren lange Zeit in nervenaufreibende Auseinandersetzungen verstrickt. Seit wir in schwierigen Situationen einzeln oder zusammen den Prozess anwenden, hat sich die Qualität unserer Beziehung unglaublich verbessert.“ [Tamara, 31 Jahre]

Erfahrungsberichte aus der Praxis mit dem Transformationsprozess

***Sonja** (43 Jahre)* hat seit jeher eine große Angst verlassen zu werden, mit der sie nun arbeiten und die sie transformieren möchte. Da zwischen ihr und ihrem Mann zeitweise wenig Gespräche stattfinden, zieht sie sich in ihr Zimmer zurück, wo sie in aller Ruhe den Prozess *Schöpfer-Transformation* durchführen kann. Zuerst sieht sie sich selbst in einer großen Blase zusammen mit der kleinen Sonja, die früher von ihren Eltern oft alleine gelassen wurde. Damals hatte sie große Ängste entwickelt und konnte deswegen oft nicht einschlafen. Sonja tritt dann aus der Blase heraus und gelangt dadurch ins Hier und Jetzt. Sie akzeptiert und würdigt das sich verlassen fühlende Kind, das sich noch in der Blase befindet. Dann lässt sie die Energie aus dieser Tranceblase zu sich fließen und tankt sich so lange mit Energie auf, bis die Blase verschwunden ist. Anschließend nimmt sie die kleine Sonja in den Arm und gibt ihr Liebe und Sicherheit. Sie spürt, dass eine Menge Spannung von ihr abfließt. Als Nächstes stellt sie sich vor, wie sie sich den Rest des Tages und auch während der nächsten Tage fühlen möchte. Sie baut in der Vorstellung ein Bild von sich auf, in dem sie sich verbunden und sicher fühlt. Zum Schluss macht sie einen Schritt nach vorn in dieses Bild hinein und spürt, wie es ist, mit dieser neuen Realität verbunden zu sein. Sie fühlt sich viel besser als vorher und einige Zeit später kommt es zu einem guten Gespräch mit ihrem Mann.

Stefanie *(32 Jahre)* hat sehr mit ihrem Gefühl der Hilflosigkeit zu tun, nachdem ein Patient, um den sie sich als Ärztin sehr bemüht hat, verstorben ist. Sie hat den Eindruck, dass sie bei ihr wichtigen Dingen im Leben nicht viel ausrichten kann. Nun möchte sie diese Hilflosigkeit transformieren. Während sie in der Blase steht, sieht sie die kleine Stefanie vor sich, die hilflos mit ansehen musste, wie ihr Vater immer kränker wurde. Er hatte eine chronische Lebererkrankung und die kleine Tochter hat immer wieder versucht, ihm Mut zu machen. Nachdem er immer schwächer geworden war, starb er schließlich, worunter Stefanie sehr gelitten hat. Sie hat sich auch damals hilflos und machtlos gefühlt. Stefanie tritt nach hinten aus der Blase heraus und findet sich im Hier und Jetzt wieder. Da es ihr schwerfällt sich von der kleinen, hilflosen Stefanie zu lösen, wiederholt sie diesen Schritt, bis es ihr gelingt. Dann lässt sie die kleine Stefanie wissen, dass sie sie versteht und sie unterstützen möchte. Anschließend fließt die Energie aus diesen starken Gefühlen der Macht- und Hilflosigkeit zu ihr zurück und sie spürt dabei eine Erleichterung und Entspannung. Sie fühlt sich auf einmal größer als die belastenden Gefühle. Dann nimmt die große Stefanie die kleine Stefanie in den Arm und vermittelt ihr Sicherheit, Liebe und Geborgenheit. Als erwachsene Stefanie nimmt sie wahr, wie das Gefühl der Hilflosigkeit sich langsam in Gelassenheit und Entspannung verwandelt.

Zum Schluss visualisiert sie vor sich die Stefanie, die zuversichtlich und in sich ruhend erkennt und akzeptiert, was sie verändern kann und was nicht. Sie sieht einen tieferen Sinn darin, wenn sie einmal keinen Einfluss auf bestimmte Situationen hat. Sie macht einen Schritt in diese neue Realität hinein und kann diese Qualitäten ganz deutlich in ihrem Körper spüren.

Die Arbeit auf der Ebene der Gedanken

Wenn Sie wiederholt wiederkehrende, schwierige Gedanken belasten, können Sie mit dem Prozess *Schöpfer-Transformation* auf der gedanklichen Ebene arbeiten. Denn diese Gedanken sind Ausdruck eines alten, begrenzenden Musters. Ein bestimmter innerer Anteil von Ihnen wie der innere Kritiker, der Perfektionist oder der innere Antreiber hat in solchen Situationen von Ihnen Besitz ergriffen. Es könnte beispielsweise sein, dass es Ihnen schwerfällt, sich abends von den belastenden Gedanken des Tages zu lösen. Schon den ganzen Tag über, sei es im Beruf oder im Haushalt, waren Sie nicht wirklich zufrieden mit Ihrem heutigen Arbeitspensum. Abends sagt der innere Kritiker klipp und klar: „Das war nicht genug, Du hättest mehr schaffen müssen, zumal Du gestern auch weniger geschafft hast, als Du wolltest." Sie fühlen sich unzufrieden und können nach dem langen Tag einfach nicht abschalten und wirklich entspannen. Mithilfe von *Schöpfer-Transformation* können Sie dieses gedankliche Muster bearbeiten und transformieren. Suchen Sie sich dazu einen ruhigen Raum. Finden Sie im ersten Schritt heraus, welche belastenden Gedanken Ihnen ganz konkret den Feierabend verderben. Anschließend versuchen Sie den inneren Anteil zu identifizieren, der mit diesen kritischen oder perfektionistischen Gedanken zu tun hat. Oft ist es der innere Kritiker, der einem das Leben in solchen Situationen schwer macht. Sie kennen diesen Teil natürlich, denn es ist nicht das erste Mal, dass er Sie den Abend nicht entspannt erleben lässt. Nun stellen Sie sich als Erwachsenen-Ich im ersten Schritt vor, dass sich der innere Kritiker mit Ihnen zusammen in der Blase befindet. Vielleicht sehen Sie sogar ein Bild von ihm. Nun treten Sie nach hinten aus der Blase heraus, während der innere Kritiker mit all seinen Gedanken in der Blase bleibt. Tun Sie alles Notwendige, um ins Hier und Jetzt zu gelangen und sich mit

Ihrem inneren Selbst zu verbinden (Schritt 1). Würdigen Sie diesen Anteil von sich, den Sie nun transformieren möchten (Schritt 2). Auch wenn es Ihnen vielleicht schwerfällt, aber auch Ihr innerer Kritiker möchte Ihnen eigentlich nur helfen, indem er auf seine Weise versucht, Sie vor Fehlern oder der Kritik von anderen Menschen zu bewahren. Dann ziehen Sie die Energie aus der Blase heraus, sodass sie kleiner wird und somit auch der innere Kritiker mit seinen belastenden Gedanken (Schritt 3). Nehmen Sie wahr, dass Sie allein dadurch schon mehr entspannen können und mehr bei sich und Ihren Bedürfnissen ankommen. Auch im nächsten Schritt brauchen Sie die Unterstützung Ihres inneren Selbst, nachdem Sie Ihren nun kleiner gewordenen, inneren Kritiker mit Ihren Händen zu Ihrem Herz geführt haben (Schritt 4). Ihr inneres Selbst hilft Ihnen dabei, Liebe für sich und diesen kritischen Anteil zu fühlen. Dadurch kann sich dieses alte gedankliche Muster transformieren. Im fünften und letzten Schritt fragen Sie sich, wie Sie sich heute Abend fühlen möchten. Vielleicht möchten Sie sich innerlich frei von belastenden Gedanken dem freien Abend widmen und die restliche Zeit des Tages einfach genießen. Stellen Sie sich vor, dass die Version von Ihnen vor Ihnen steht, die genau das schon erreicht hat. Mit den Handflächen lassen Sie wieder Schöpfer-Energie zu diesem Bild fließen, bis es ganz deutlich und lebendig geworden ist. Zum Schluss machen Sie einen Schritt nach vorne in dieses Bild hinein und fühlen diese neue, innere Freiheit, losgelöst von belastenden Gedanken. Bedanken Sie sich für diese neue, schöne Realität und genießen Sie Ihren Abend!

„Ich bin viel selbstsicherer und in mir gestärkt, weil ich mit diesem Prozess aus mir selbst heraus Gefühle und Begrenzungen im Alltag transformieren kann, ohne dass ich Hilfe von außen benötige. Dadurch bin ich unabhängig und handle eigenverantwortlich. Immer wenn ich merke, dass da wieder etwas ‚hochkommt', nehme ich es wahr, wertschätze und transformiere es. Ich brauche dazu niemand anderen außer mir selbst!" [Harald, 54 Jahre]

„Die Bürde, die ich mein Leben lang getragen habe, verwandelt sich plötzlich in etwas Wunderbares: Dieser dunkle, harte Stein wird zu einem Wildblumenstrauß, und es fühlt sich ganz leicht an." [Svenja, 42 Jahre]

Erfahrungsberichte aus der Praxis

***Larissa** (33 Jahre)* ist beruflich stark belastet und bereits seit einiger Zeit krankgeschrieben. Trotzdem kommt sie nicht zur Ruhe und kann nachts nicht schlafen. Sie grübelt in einem fort, denn Ihr innerer Kritiker ist sehr aktiv und verurteilt die Einschränkung ihrer Leistungsfähigkeit. Larissa nutzt den Prozess *Schöpfer-Transformation*, um nicht mehr länger von ihrem inneren Kritiker beherrscht zu werden. Zunächst steht sie zusammen mit ihrem inneren Kritiker in der Blase und macht dann einen großen Schritt nach hinten aus der Blase heraus. Sie schafft es, alles Nötige zu tun, um wieder ganz bewusst ins Hier und Jetzt zu gelangen und einen ausreichenden Abstand zum inneren Kritiker zu bekommen. Dann stellt sie sich wieder vor die Blase und spürt, dass es ihr gelungen ist. Der zweite Schritt, den Kritiker zu würdigen und anzunehmen, fällt ihr besonders schwer, da sie ihn mittlerweile deutlich ablehnt. Doch schließlich kann sie erkennen, dass auch dieser Teil zu ihr gehört und ihr letztendlich nur helfen möchte. Daraufhin lässt sie die Energie aus der Blase zu sich fließen und spürt, dass sie selbst immer größer und stärker wird, während die Blase mit den belastenden Gefühlen und Gedanken immer kleiner wird und schließlich verschwindet. Jetzt sieht der innere Kritiker nicht mehr so bedrohlich und viel kleiner aus als zuvor. Deshalb fällt es Larissa nicht mehr ganz so schwer, ihn an die Hand zu nehmen und zu erkennen, dass auch er überlastet ist. Sie gibt ihm zu verstehen, dass sie selbst ab jetzt das Ruder in ihrem Leben übernimmt und er sich einfach einmal ausruhen kann. Zugleich spürt sie ein immer stärker werdendes Gefühl von Entspannung und Ruhe in sich. Als Nächstes stellt sie sich vor, wie sie sich fühlen möchte, wenn ihr innerer Kritiker nicht mehr die Hauptrolle spielt. In diesem Bild von sich selbst, das sie vor sich sieht, wirkt sie entspannt und hat ein strahlendes Gesicht. Sie macht einen Schritt nach vorne und spürt diese innere Gelassenheit und Zuversicht. An diesem Abend kann Larissa gut einschlafen. Sie schläft durch und fühlt sich am nächsten Tag wesentlich energievoller als an den Tagen zuvor.

Die Arbeit auf der körperlichen Ebene

Wenn etwas Ihr körperliches Wohlbefinden stört, etwa Verspannungen im Rücken, eine chronische Hauterkrankung, Spannungskopfschmerz oder ein Übelkeitsgefühl, können Sie mit dem Prozess *Schöpfer-Transformation* auf der körperlichen Ebene arbeiten. Sie können direkt mit diesem körperlichen Symptom arbeiten, ohne sich einen bestimmten, inneren Anteil bewusst zu machen. Wenn Sie den Transformationsprozess zu einem bestimmten körperlichen Symptom öfter wiederholen, werden sich nach und nach alle Schichten lösen. Es werden bestimmte, dazugehörige Emotionen auftauchen, die wiederum mit einem inneren Anteil von Ihnen, etwa dem inneren Kritiker, verbunden sind und die dann ebenfalls bearbeitet werden können. Nehmen wir an, Sie haben Verspannungen im unteren Rücken. Im ersten Schritt des Prozesses *Schöpfer-Transformation* stehen Sie zusammen mit diesem Symptom in der Blase. Sie können sich selbst als erwachsenen Menschen in der Blase stehen sehen, der an diesen Verspannungen leidet. Nun treten Sie als Erwachsenen-Ich, das nicht davon beherrscht wird, nach hinten aus der Blase heraus. Der Teil von Ihnen, der unter diesen Verspannungen leidet, bleibt in der Blase zurück. Kommen Sie ins Hier und Jetzt und verbinden Sie sich mit Ihrem inneren Selbst (Schritt 1). Schätzen Sie das Symptom wert, denn auch die Verspannungen haben einen Sinn. Sie möchten Ihnen zum Beispiel aufzeigen, dass Sie sich übernommen und nicht an Ihre körperlichen Bedürfnisse gedacht haben. Körperliche Symptome sind eine Schöpfung, ebenso wie Ihre emotionalen und gedanklichen Muster. Würdigen Sie deshalb dieses Symptom und geben Sie ihm zu verstehen, dass Sie es transformieren werden (Schritt 2). Ziehen Sie anschließend die Energie aus der Blase und den Verspannungen heraus, sodass die Blase kleiner wird. Während sich die Energie aus den Verspannungen löst, spüren Sie, dass Sie mehr entspannen können und sich Ihr Körper schon besser und geschmeidiger anfühlt. Es kostet tatsächlich viel Energie, derlei Verspannungen im Alltag aufrechtzuerhalten. Zum Schluss bleiben nur Sie und die verspannte, aber nun kleinere Version von Ihnen selbst übrig (Schritt 3). Führen Sie nun diesen verspannten Teil von sich sanft an Ihr Herz. Dabei werden Sie von Ihrem inneren Selbst mit Liebe für sich und die Verspannungen unterstützt. Spüren Sie, wie diese Liebe und diese Energie Ihren Körper durchdringen und wie sich weitere Verspannungen lösen (Schritt 4). Zum Abschluss machen Sie sich Ihren Wunsch bewusst, wie Sie sich fühlen möchten, etwa entspannt, locker und schmerzfrei. Schaffen Sie ein deutliches Bild von sich selbst, wie es ist, wenn dies schon Realität ist. Verstärken Sie die Vision mit Schöpferkraft aus Ihren Handflächen und treten Sie in Ihre neue Realität hinein. Bewegen Sie sich und nehmen Sie wahr, wie sich Verspannungen gelöst haben und Sie sich nun leichter und schmerzfreier fühlen. Bedanken Sie sich für diese neue Realität (Schritt 5).

„Ich war so angespannt und verkrampft, konnte mich nicht wirklich anderen Menschen gegenüber öffnen. Jetzt spüre ich ein tiefes Vertrauen, dass ich geschützt und sicher bin, auch wenn ich mich entspanne. Ich glaube, dass ich mich jetzt wieder auf andere einlassen kann." [Monika, 52 Jahre]

„Es strömt helles Licht in mich hinein, es füllt meinen Körper, alle meine Zellen. Dieses Licht entspannt mich und schenkt mir Lebensfreude und Liebe." [Alex, 39 Jahre]

Erfahrungsberichte aus der Praxis

Susanne *(40 Jahre)* hat ein großes Problem: Sie leidet immer wieder an einem starken Schwindelgefühl. Sie hat Angst umzukippen und den Halt zu verlieren. Außerdem ist ihr sehr oft übel wegen des Schwindels. Alle bisherigen Versuche die Symptome zu verbessern haben ihr nicht geholfen. Mithilfe des Prozesses *Schöpfer-Transformation* möchte sie nun an ihnen arbeiten. Sie steht in der Blase zusammen mit der Susanne, die unter dem Schwindel und der Übelkeit leidet. Dann tritt sie nach hinten aus der Blase heraus und löst sich damit von den Symptomen. Sie unternimmt alles, um wieder ganz im Hier und Jetzt anzukommen und aus der Symptomtrance heraus zu gelangen. Anschließend nimmt sie Kontakt mit der Susanne in der Blase auf, die unter den Symptomen leidet. Sie spricht ihr Mitgefühl aus und versichert ihr, dass sie ihr helfen wird. Dann zieht sie die Energie aus den Symptomen und spürt währenddessen, dass sie stärker und größer wird als der Schwindel und die Übelkeit. Die Blase wird immer kleiner, bis sie sich auflöst. Sie nimmt die Susanne in den Arm, die bisher unter den Symptomen gelitten hat, und spürt deutlich, wie sich ihr Körper nach und nach entspannt und sich ein gutes Gefühl in ihr ausbreitet. In der letzten Phase des Prozesses stellt sie sich vor, dass vor ihr eine symptomfreie Susanne steht, die frei von Schwindel ist und sicher stehen kann. Sie macht einen Schritt nach vorne, spürt diese neue Realität in sich und nimmt wahr, dass sie tatsächlich schon sicherer steht. Einige Tage später, nachdem sie den Prozess mehrfach wiederholt hat, sind ihre Symptome vollständig verschwunden.

Jürgen *(45 Jahre)* leidet seit Jahren an einer chronischen Hauterkrankung, die nicht nur unangenehm und zeitweise quälend für ihn, sondern auch mit starken Gefühlen verbunden ist. Er schämt sich wegen seiner auffällig veränderten Haut und hat Angst, deswegen von anderen Menschen abgelehnt zu werden. Sein Selbstwertgefühl ist nicht gut ausgeprägt. Deshalb möchte er mit dem Prozess *Schöpfer-Transformation* an diesem Symptom und den dazugehörigen Gefühlen arbeiten. Jürgen steht zunächst mit dem Teil von sich in der Blase, der seit Jahren unter diesem Hautausschlag leidet. Da er schon so lange damit zu tun hat, fällt es ihm schwer herauszutreten. Aber er macht diesen wichtigen und entscheidenden Schritt und unternimmt alles, um über seine fünf Sinne ins Hier und Jetzt zu gelangen. Nachdem er diesen Schritt zweimal wiederholt hat, schafft er es schließlich aus der Blase herauszutreten. Der nächste Schritt fällt ihm noch schwerer. Wie soll er sich selbst annehmen, wenn er einfach die Symptome und auch die damit zusammenhängenden Gefühle loswerden will? Jürgen stellt sich vor, dass dieser Teil von ihm, der unter diesen Symptomen leidet, ein guter Freund ist. Schließlich gelingt es ihm, Mitgefühl und Verständnis für den leidenden Jürgen in der Blase zu fühlen. Er sichert ihm Unterstützung zu und zieht im nächsten Schritt die Energie aus der Blase heraus. Er nimmt wahr, dass dort sehr viel Energie gespeichert ist. Entsprechend lange dauert es, bis die Blase kleiner wird und er sich mit der frei gewordenen Energie auftanken kann. Erstmals seit vielen Jahren hat Jürgen das Gefühl, dass er etwas Abstand zu seinen Symptomen und Gefühlen hat und sogar ein Stück größer als diese ist. Es gelingt ihm, den leidenden Jürgen in den Arm zu nehmen und ihm Mut zuzusprechen. Er nimmt wahr, wie sich Spannung und Stress langsam lösen. Im letzten Schritt stellt er sich den symptomfreien Jürgen vor, der in seiner Kraft ist und sich selbst ganz annimmt. Danach macht er einen Schritt in diese neue Realität hinein, was sich sehr gut anfühlt. Im Laufe der nächsten Wochen wiederholt Jürgen den Prozess mehrmals und nimmt wahr, dass nicht nur die Scham und die Angst vor Ablehnung besser werden, sondern tatsächlich auch der Hautausschlag weniger juckt und langsam zurückgeht. Jürgen kann diese Veränderung kaum fassen, da er jahrelang vieles ohne Erfolg probiert hat. Er ist sehr motiviert, nun auch an anderen Themen zu arbeiten.

Günther *(58 Jahre)* fühlt sich in letzter Zeit nicht mehr so leistungsfähig in seinem Beruf und bemerkt sein Alter verstärkt. Im Vergleich zu früher fühlt er sich viel häufiger müde und erschöpft. Mit dem Prozess möchte er an diesem Problem arbeiten. Er fragt sich zunächst, welche Gefühle dieser Zustand der Erschöpfung in ihm auslöst. Er spürt ein Gefühl von Hoffnungslosigkeit und Resignation. Er sieht sich zusammen mit dem Erwachsenenanteil von sich, der sich erschöpft, müde und resigniert fühlt, in der Blase. Anschließend führt er den Fünf-Schritte-Prozess durch. Zum Schluss stellt er sich vor, dass er wieder Zugang zu seiner Kraft und ureigenen Energie hat. Dann tritt er in diese neue Realität hinein und fühlt diese Energie. In den Tagen danach arbeitet er auch mit dem inneren Antreiber und inneren Kritiker, die ihm Druck gemacht haben, sich mehr anzustrengen. Durch diesen inneren Druck entstand Stress, der ihn noch mehr erschöpft hatte. Nachdem Günther den Prozess dazu mehrfach durchgeführt hatte, spürt er wieder mehr Zuversicht und Energie für sein Leben.

Die Arbeit auf der kreativen Ebene

Auf der kreativen Ebene sind Sie schöpferisch tätig. Dort können Sie mit dem Prozess *Schöpfer-Transformation* an der Verwirklichung Ihrer Wünsche und inneren Bedürfnisse arbeiten. Das kann all das sein, was Sie inspiriert und mit Freude erfüllt. So können Sie zum Beispiel daran arbeiten, Ihre materielle Situation zu verbessern. Sie können sich eine berufliche Tätigkeit kreieren, die Sie mehr erfüllt, oder eine, die besser bezahlt ist. Sie können ein schönes und ausgefülltes Beziehungsleben verwirklichen, sei es in Form einer Partnerschaft oder in Form wertvoller und unterstützender Freundschaften. Sie können den Prozess auch dazu nutzen, um ein kreatives Projekt, etwa das Schreiben eines Buches, eines Gedichtes oder eines Artikels, das Malen eines Bildes, das Nähen eines Kleides oder das Gestalten einer eigenen Website mit selbst gemachten Fotos zu verwirklichen. Ihren Schöpfungen sind auf dieser Ebene keine Grenzen gesetzt. Oft stehen der Verwirklichung dieser Wünsche und Kreationen jedoch innere Anteile entgegen, die Sie wie beschrieben mihilfe des Prozesses transformieren können. So kann ein Kindanteil zum Beispiel Angst haben auf eigenen Füßen zu stehen. Oder er wurde in seiner Kindheit durch die Mutter oder den Vater emotional verletzt und hat sich eine schützende Schale zugelegt, um seine verletzten Gefühlen nicht allzu stark zu spüren. Diese Schale hindert Sie jedoch heute als Erwachsener, eine vertrauensvolle und erfüllte Partnerschaft einzugehen. Es kann auch sein, dass ein Beschützeranteil Angst davor hat, dass Sie sich vor anderen lächerlich machen, wenn Sie malen, singen oder tanzen. Er verhindert, dass Sie dem nachgehen, um Sie zu schützen. Werden Sie sich Ihrer Herzenswünsche und tiefen Bedürfnisse bewusst und transformieren Sie mithilfe des Prozesses die Anteile, die Sie daran hindern, heute erfüllt zu leben. Nutzen Sie den Transformationsprozess, um Ihre Wünsche im Alltag zu verwirklichen!

„Ich fühlte mich in vielen Alltagssituationen den Gegebenheiten ausgeliefert. Mir fehlte das Gefühl, dass ich wirksam etwas ausrichten und verändern kann. Durch den Prozess Schöpfer-Transformation hat sich dieses Gefühl vollständig verändert: Ich spüre eine innere Kraft und Inspiration in mir, die mich durch mein Leben leitet." [Nicolas, 43 Jahre]

„Ich fühlte die Einheit allen Seins, ich war und bin mit allem verbunden." [Tanja, 32 Jahre]

„Ich fühle einen tiefen Frieden in mir, eine innere Gelassenheit – ich fühle mich vom Leben getragen." [Hannes, 44 Jahre]

Erfahrungsberichte aus der Praxis

Jörg *(38 Jahre)* hat genug von dem Stress als angestellter Bürokaufmann und ist unzufrieden mit vielen Arbeitsabläufen. Er träumt von einer Selbstständigkeit, in der er sich und seine Fähigkeiten frei entfalten kann. Sein Hobby, den Kauf und Verkauf von Antiquitäten und Gemälden, möchte er gerne zum Beruf machen. Es gibt jedoch noch viele Ängste, die mit der Idee ohne eine feste Anstellung zu sein verbunden sind. Er möchte den Schöpferprozess einsetzen, um das Ziel der Selbstständigkeit zu erreichen. Zunächst steht Jörg zusammen mit einem Kindanteil von sich, der Angst hat, auf eigenen Füßen zu stehen, in der Blase. Dieser Teil traut sich ganz und gar nicht zu, den Schritt in die Selbstständigkeit zu wagen. Jörg erinnert sich daran, dass er als Kind öfters Ängste verspürte, wenn etwas Neues auf ihn zukam. Er macht den Schritt heraus aus der Blase und gelangt ins Hier und Jetzt. Er spricht diesen ängstlichen Teil an und gibt ihm zu verstehen, dass er jetzt nicht mehr alleine ist. Er spürt, wie er sich dabei innerlich entspannt. Dann zieht er Energie aus dieser Blase der Angsttrance und bemerkt, dass dort sehr viel Energie gespeichert ist. Im Vergleich zu früheren Prozessen, die er zu anderen Themen durchgeführt hat, dauert es diesmal deutlich länger, bis die Blase immer kleiner wird und schließlich verschwindet. Jörg nimmt anschließend den kleinen Jungen, der solche Angst hat, in den Arm und schenkt ihm das Gefühl von Sicherheit und Liebe. Er spürt, wie der Kleine sich entspannt und er sich mit ihm. Im letzten Schritt stellt er sich vor, dass er bereits die ersten Schritte in Richtung Selbstständigkeit getan hat. Er hat in diesem Bild bereits gekündigt und eine Website geschaltet. Diese Anfangsphase ist mit einer gewissen Aufregung verbunden; dies ist jedoch ein freudiges Gefühl. Jörg macht einen Schritt nach vorne in diese Realität hinein und fühlt sich sofort viel besser. Er weiß jetzt genau, dass Selbständigkeit der richtige Weg für ihn ist. Drei Monate später hat Jörg alle Schritte umgesetzt: Er hat seine alte Stelle gekündigt und seine Selbstständigkeit als Verkäufer von Antiquitäten und Kunstgegenständen angemeldet. Seine Familie und Freunde freuen sich mit ihm und sind begeistert von seinem Webauftritt und den Räumlichkeiten, die er für seinen Wunschberuf angemietet hat.

Johanna *(34 Jahre)* hat das Gefühl, schon viel zu lange ohne Partner zu sein. Auch wenn sie gewisse Ängste verspürt, sich auf eine Beziehung einzulassen, ist der Wunsch nach einer erfüllten Beziehung größer geworden. Sie will den Prozess *Schöpfer-Transformation* einsetzen, um wieder offen für eine Partnerschaft zu sein und den richtigen Partner zu finden. Johanna steht in der Blase zusammen mit dem Teil, der Angst hat, sich auf einen neuen Mann einzulassen. Dieser Teil ist die kleine Johanna, die durch ihren strengen und manchmal jähzornigen Vater emotional verletzt wurde. Als Kind hat sie sich eine schützende Schale zugelegt, um ihre verletzten Gefühlen nicht zu stark zu spüren. Sie erkennt nun, dass dies auch der Grund ist, weshalb sie sich so lange nicht mehr auf eine neue Beziehung eingelassen hat. Sie tritt aus der Blase heraus und orientiert sich ganz im Hier und Jetzt. Sie spricht mit der kleinen Johanna und macht ihr deutlich, dass sie sie versteht und jetzt für sie da ist. Anschließend zieht sie die Energie aus der Blase und bemerkt, wie gut sich das anfühlt. Endlich ist sie größer als ihre Ängste. Nachdem die Blase verschwunden ist, nimmt sie mit viel Verständnis und Liebe die kleine Johanna in den Arm. Sie lässt diesen ängstlichen Teil spüren, dass er jetzt außer Gefahr und nicht mehr allein ist. Johanna nimmt wahr, dass sich insbesondere in ihrem Herzbereich sehr viel bewegt und sie freier atmen kann. Sie stellt sich im letzten Schritt vor, dass vor ihr eine Johanna steht, die sich innerlich gelassen und frei fühlt und gleichzeitig offen für Neues ist. Diese Johanna lächelt und hat eine sehr positive, einladende Ausstrahlung. Johanna macht einen Schritt nach vorne und stellt sich in diese Realität hinein. Sofort fühlt sie diese Qualitäten, die sie sich vorgestellt hat. In den nächsten Tagen und Wochen wiederholt sie diesen Prozess mehrmals. Als sie schließlich einen Mann kennenlernt, fühlt sie sich bei den ersten Treffen ganz anders als bei früheren Verabredungen. Sie ist wesentlich offener und hat weniger Ängste, sich tiefer auf ihn einzulassen. Nach mehreren Treffen kommen die beiden zusammen und sind bis heute ein glückliches Paar.

Probleme im Beruf, Angst davor sich auf einen Partner einzulassen oder von ihm verlassen zu werden, Hilflosigkeit oder chronisch scheinende, körperliche Symptome sind typisch für viele Menschen, die ich bisher begleiten durfte. Es kommen aber auch Menschen zu mir, die Unterstützung bei noch ganz anderen Problemen suchen. Vier von ihnen möchte ich Ihnen im Folgenden noch vorstellen, um Ihnen die ganze Bandbreite aufzuzeigen, in der Sie den Prozess *Schöpfer-Transformation* gewinnbringend einsetzen können.

***Bernd** (37 Jahre)* erzählt mir, dass er von vielen Menschen nicht gemocht wird. Er fühlt sich oft als Außenseiter und von anderen abgelehnt. Dabei wünscht er sich so sehr, dass die anderen ihn mögen und er dazugehört. Er möchte wissen, was er konkret tun kann, um das zu verändern.

Mein Rat an Bernd: „Arbeiten Sie zunächst mit Ihren Gefühlen des Getrenntseins. Es handelt sich hier um eine klassische Trennungstrance. Treten Sie aus der Tranceblase heraus und machen Sie alle weiteren Schritte des Prozesses. Der Trennungstrance liegt zumeist auch ein Minderwertigkeitsgefühl zugrunde. Auch mit diesem Teil, der diese Gefühle hat, sollten Sie arbeiten. Nachdem Sie diesen Prozess mehrfach durchgeführt haben und Ihre Vision, dass Sie Kontakt mit anderen Menschen haben und immer mehr akzeptiert werden, gestärkt haben, wird sich Ihre Lebenssituation zum Positiven hin verändern."

Dirk *(52 Jahre)* hatte früher einen guten Job. Im Laufe der Jahre fühlte er sich jedoch zunehmend überfordert und erschöpft und war nicht mehr in der Lage seinen Beruf auszuüben. Er wurde frühpensioniert, bekommt jetzt aufgrund seines Alters jedoch nur eine sehr geringe Rente. Sein Lebensstandard ist deutlich gesunken. Er musste in eine kleinere Wohnung umziehen und kann sich auch sonst nicht viel leisten. Er ist mit dieser Situation sehr unzufrieden und unglücklich und möchte von mir wissen, wie der Prozess *Schöpfer-Transformation* dazu beitragen kann, dass sich seine Situation und Gefühlslage verbessern.

Mein Rat an Dirk: „Sie haben die Möglichkeit, mit Ihren aktuellen Gefühlen zu arbeiten. Wenn es Traurigkeit ist oder Verzweiflung oder ein ähnliches Gefühl, arbeiten Sie mit dem Prozess an diesen Gefühlen. Wenn diese nach und nach transformiert wurden und Sie sich besser fühlen, sind Sie auch in der Lage, Ihre Ziele und Wünsche leichter und umfassender zu manifestieren. Wenn Sie Ihre aktuelle Situation mit den ausgelösten Gefühlen immer mehr würdigen und wertschätzen, können Sie Ihre inneren Ressourcen anzapfen und Grundlegendes in Ihrem Leben verändern."

Marga *(45 Jahre)* kämpft damit, dass sie machen kann, was sie will, aber trotzdem keinen wirklichen Erfolg im Beruf hat. Nie bekommt sie die Stelle, die ihr wirklich entspricht, die gut bezahlt ist und die ihr wirklich Freude macht. Von mir möchte sie wissen, wie sie mit dem Prozess *Schöpfer-Transformation* an diesem Thema arbeiten kann.

Mein Rat an Marga: „Fragen Sie sich, welches Gefühl oder welche Gefühle Sie haben, wenn Sie an Ihre bisherigen Misserfolge in Ihrer beruflichen Laufbahn denken. Nehmen Sie das stärkste Gefühl, das Sie wahrnehmen können. Wenn Sie das Gefühl haben, versagt zu haben, steckt dahinter das Gefühl, nicht gut genug zu sein. Schauen Sie, wann und in welcher Situation Sie dieses Gefühl zum ersten Mal in Ihrem Leben gespürt haben. Vielleicht ist es ein Kindanteil von Ihnen, der sich in der Schule für ungenügend hielt und der Fehler machte. Arbeiten Sie in dem Prozess mit diesem Anteil. Es ist häufig so, dass zu dem Gefühl, nicht zu genügen, ein starker, innerer Perfektionist gehört, der hohe Ziele hat und sie dadurch vor diesem Gefühl schützen will. Der innere Antreiber macht Ihnen Druck, die vom inneren Perfektionisten gesteckten Ziele zu erreichen, der innere Kritiker verurteilt Sie, wenn es Ihnen nicht gelingt. Wenn Sie solche Anteile auch in sich wahrnehmen, arbeiten Sie zusätzlich gezielt mit diesem inneren Anteil, und zwar in folgender Reihenfolge: Zuerst arbeiten Sie mit dem Perfektionisten, dann mit dem Antreiber und anschließend mit dem inneren Kritiker. Diese Arbeit wird Ihnen helfen, das ursprüngliche Muster aus der Kindheit nicht immer wieder erneut auszulösen, sondern es stattdessen grundlegend und dauerhaft zu transformieren."

Peter *(41 Jahre)* spürt in letzter Zeit sehr viel Wut in sich und reagiert häufig gereizt. Von mir möchte er wissen, wie er mit dem Prozess daran arbeiten kann, um wieder ausgeglichener zu werden.

Mein Rat an Peter: „Wut muss im Vergleich zu anderen Gefühlen wie Angst oder Hilflosigkeit anders bearbeitet werden. Denn Wut ist eine Emotion, die zumeist über anderen, verletzlicheren Emotionen liegt. Häufig wird sie gefüttert und erhält Energie durch den Verstand, das Kontroll-Ich und den inneren Kritiker. Indem etwa der innere Kritiker Sie selbst oder andere negativ bewertet, entsteht Wut in Ihnen. Wut ist in gewisser Weise eine Abwehrhaltung gegen Gefühle wie Traurigkeit, Angst oder Schuld. In diesem Falle ist es deshalb sinnvoll, zunächst mit der Wut zu arbeiten. Stehen Sie in der Blase mit dem Teil von sich, der sich so wütend fühlt. Das kann natürlich das Erwachsenen-Ich sein, aber Sie können sich zusätzlich fragen, ob Sie eine ähnliche Wut aus vergleichbaren Gründen früher schon einmal gefühlt haben. Es kann sein, dass es ein Kindanteil ist, der sich schon früher sehr über bestimmte Verhaltensweisen seines Bruders oder seiner Schwester oder auch der Eltern geärgert hat. Ist dies der Fall, dann treten Sie aus der Tranceblase heraus und lassen diesen wütenden Anteil in der Blase zurück. Nach Durchführung der weiteren Schritte des Prozesses mit diesem Gefühl der Wut taucht häufig eine darunterliegende Emotion wie Angst oder Traurigkeit auf. Das kann bereits während des Prozesses, nach seiner Beendigung oder auch erst einige Zeit danach geschehen. Wenn dies der Fall ist, arbeiten Sie anschließend mit dieser Emotion und diesem inneren Anteil. Wenn Sie merken, dass es verschiedene Beschützeranteile sind, die die Wut in Ihnen schüren, arbeiten Sie mit diesen Anteilen."

14 | Mit Schöpfer-Transformation Erfüllung erleben

Viele Menschen, die in meine Praxis gekommen sind, haben mithilfe des Prozesses *Schöpfer-Transformation* ihr Leben verändert. Im folgenden Kapitel zeige ich Ihnen anhand vieler Praxisbeispiele, wie Menschen, die den Transformationsprozess regelmäßig anwandten, Ihre Wünsche und Visionen realisiert und ihr Potenzial entfaltet haben. Sie haben ihr Bewusstsein erweitert und sich ein erfülltes Leben erschaffen. Sie haben den Schritt in eine Beziehung gewagt oder in die Selbstständigkeit, sie spüren Harmonie und inneren Frieden und eine große Kraft. Sie fühlen sich nicht mehr allein und getrennt, sondern verbunden. Michael, Elke, Anja und viele andere haben Sie ja bereits kennengelernt. Weitere Menschen stelle ich Ihnen in diesem Kapitel vor. Diese haben nicht nur bestimmte Problembereiche bearbeitet und transformiert wie in den Beispielen davor, sondern ihr Leben hat sich in Richtung Erfüllung entwickelt. Mögen deren Lebensgeschichten Sie motivieren und inspirieren. Haben auch Sie den Mut, Ihre Visionen zu verwirklichen und seien Sie dabei kreativ! Sie sind nicht allein: Durch die global wirkende Transformationsenergie und durch Menschen, die sich auch auf diesem Weg befinden, werden Sie enorm unterstützt!

Stefan

Stefan ist 32 Jahre alt. Über Jahre hinweg haderte er mit seiner finanziellen Situation. Nie hatte er auch nur annähernd genügend Geld, um sich wichtige Wünsche wie eine schöne Wohnung mit Garten und große Reisen zu erfüllen. Außerdem wollte er eigentlich weniger arbeiten, aber das hätte ihn noch weiter von der Erfüllung seiner Wünsche entfernt. Stefan ist Reisekaufmann, dabei wäre er viel lieber Musiker geworden. Sein Vater war dagegen, er hielt dies für eine brotlose Kunst. Seine Eltern verweigerten ihm ihre Unterstützung, wenn er Musik studieren würde. Aus seiner Not heraus absolvierte Stefan schließlich eine Ausbildung zum Reisekaufmann. Sein Job, den er problemlos nach der Ausbildung fand, ist zwar sicher, allerdings viel zu schlecht bezahlt. Insgeheim träumte er immer noch davon, Musiker zu werden, aber ihm fehlte der Mut für diesen Schritt. Deshalb war seine Stimmung häufig gedrückt. Seit Stefan *Schöpfer-Transformation* kennengelernt hat und den Prozess regelmäßig anwendet, hat sich sein Leben grundlegend verändert. Er arbeitete anfangs mit seiner Traurigkeit, seiner Frustration und seiner Angst vor Veränderung und begann, nebenberuflich Gitarrenunterricht zu nehmen. Er nahm wieder Kontakt mit seiner alten Band auf, wo er herzlich aufgenommen wurde, und steckte fortan neben seinem Job immer mehr Zeit in die Musik. Bei einem Talentwettbewerb gewann er den ersten Preis und entschloss sich, regelmäßig mit seiner Band auf Tour zu gehen. Die Konzerte waren zunehmend gut besucht und brachten bald einiges an Geld ein, worüber Stefan sehr froh war, denn so konnte er seine Stundenzahl im Reisebüro um die Hälfte verringern. Erste konkrete Veränderungen stellten sich ein. Gleichwohl wandte er den Prozess weiterhin regelmäßig an, um an aktivierten alten Mustern und Emotionen zu arbeiten und sich die Realität zu erschaffen, die er sich von Herzen wünschte. Heute arbeitet Stefan nicht mehr im Reisebüro, sondern halbtags in einer Musikschule. Er gibt Konzerte und lebt ausschließlich von der Musik. Mit seiner Freundin, die ebenfalls Musikerin ist, lebt er in einer schönen Altbauwohnung mit Garten. Auch dieser Wunsch hat sich wie nebenbei erfüllt.

Hanna

Hanna ist 43 Jahre alt. Vor zwei Jahren trennten sich ihr Mann und sie. Seitdem fühlte sie sich ständig ausgelaugt und erschöpft. Zudem war sie in der letzten Zeit sehr einsam und allein. Nach der Trennung hatte sie zwar einige Männer kennengelernt, konnte sich jedoch auf niemanden einlassen. Ihre Angst, erneut verletzt zu werden, war zu groß. Auch die Begegnung mit Jens, den sie vor einiger Zeit kennengelernt hat und der sie von Anfang an faszinierte und anzog, hat diese Angst wieder aufflammen lassen. In meiner Praxis arbeiteten wir mithilfe des Prozesses intensiv an ihren Ängsten. Hanna konnte sie nach und nach transformieren. Sie traf sich während dieser Zeit weiterhin mit Jens und blühte immer mehr auf. Schließlich konnte Hanna sich ganz auf Jens einlassen, worüber sie heute sehr glücklich ist. Mittlerweile nutzt auch Jens den Transformationsprozess, um seine beruflichen Ängste zu überwinden.

Silke

Silke, 44 Jahre, träumte schon lange davon, einen Roman zu schreiben. Verschiedene Kurzgeschichten hatte sie bereits verfasst, an einen Roman traute sich aber noch nicht heran. Vor allem hielten sie Gedanken wie: „Ich bin nicht kreativ genug" und „Andere schreiben sowieso besser als ich" davon ab. Mithilfe des Prozesses arbeitete sie an diesem Thema. Ihr war bewusst, dass diese Ängste mit einem Kindanteil zu tun haben, der sich früher schon nicht viel zugetraut hat. Sie trat zu Beginn der Arbeit aus der Minderwertigkeitstrance heraus und kümmerte sich um diesen ängstlichen Anteil von sich. Im fünften Schritt stellte sie sich vor, dass sie an ihrem Roman schreibt und für ihn auch einen Verlag findet. Da ihre Ängste zwar weniger wurden, aber nicht ganz verschwanden, arbeitete sie anschließend mit ihren Beschützeranteilen, die ihre Selbstzweifel bereits früher immer wieder verstärkt hatten. Schließlich überwand Silke diese so weit, dass sie mit dem Schreiben Ihres Romans anfangen konnte. Schnell merkte sie, dass ihre Zweifel unbegründet gewesen waren, denn die Ideen flogen ihr nur so zu. Während des Schreibprozesses tauchten zwar noch andere Ängste auf, etwa keinen Verlag zu finden, aber auch diese Ängste konnte sie erfolgreich transformieren. Ohne große Suche fand sie einen Verlag. Mittlerweile ist ihr Roman erschienen und Silke ist glücklich und dankbar für das, was sie mithilfe des Prozesses erschaffen hat.

Alexander

Alexander ist 28 Jahre alt. Er hat Betriebswirtschaft studiert und arbeitet seit einiger Zeit bei einem großen Wirtschaftsunternehmen. Von Anfang an setzte er sich dort sehr stark unter Druck, um allen Anforderungen gerecht zu werden. Er machte viele Überstunden und fühlte sich unter Dauerstress. Schon seit vielen Jahren litt er unter einer inneren Unruhe, die sich bei Stress noch verstärkte und dann starkes Erröten, Schwitzen und ein leichtes Zittern hervorrief. Auch jetzt zeigten sich diese Symptome wieder sehr deutlich. Alle konnten sehen, dass irgendetwas mit ihm nicht stimmte. Als Kollegen ihn darauf ansprachen, war das Alexander sehr peinlich, was seine Unsicherheit noch zusätzlich verstärkte. Nachdem Alexander den Prozess *Schöpfer-Transformation* kennengelernt hatte, begann er an seinen verschiedenen Themen zu arbeiten. Ihm war bewusst, dass sein enormer Stress der Hauptfaktor für seinen Zustand ist. Deshalb trat er zunächst aus der großen Stressblase heraus, unabhängig von inneren Anteilen. Er stellte sich vor, zusammen mit dem Alexander, der unter der stressigen Situation leidet, in der Blase zu stehen und konnte letztlich sich selbst mit seinem Stress anzunehmen. Dies war ein wichtiger Schritt für ihn, denn jeder Versuch, sich selbst für diesen Stress zu verurteilen, hatte nur zu einer Verschlechterung seines Zustandes geführt. Nachdem Alexander sehr viel Energie aus der Stressblase herausgezogen und sich selbst damit angenommen hatte, stellte er sich im letzten Schritt vor, wie er ruhiger und gelassener arbeitet. Nachdem er die fünf Schritte des Prozesses mehrmals durchgeführt hatte, fühlte sich Alexander tatsächlich innerlich entspannter und ruhiger, was ihm ermöglichte, nach den Ursachen für den inneren Stress zu schauen. Er fand heraus, dass drei Beschützeranteile, der Perfektionist, der innere Antreiber und der innere Kritiker, stark daran beteiligt waren. Er arbeitete mit allen dreien intensiv, um künftig als erwachsener Alexander die Führung in seinem inneren System zu übernehmen. Bislang hatte er seinen Beschützeranteilen unbewusst die Führung überlassen. Für Alexander war es auch notwendig, mit seinem inneren Kindanteil zu arbeiten, der in einer Minderwertigkeitstrance gefangen war. Auch dieses Gefühl konnte er nach und nach transformieren und so zu einem Gefühl der Sicherheit und Stärke finden. Außerdem führte er zwischendurch den Prozess mit dem Symptom selbst durch, und nach und nach fühlte er sich nicht nur ruhiger und gelassener auf der Arbeit, sondern auch die körperlichen Symptome, seine stark gerötete Haut und das Schwitzen, gingen ziemlich rasch zurück. Seine Veränderung blieb auch seinen Kollegen und seinem Chef nicht verborgen, die ihm bestätigen, dass er jetzt viel ausgeglichener und souveräner wirke. Alexander bekam immer mehr Spaß an seiner Arbeit, bestand die Probezeit und kann heutzutage auch seine Freizeit richtig genießen.

Petra

Petra, 38 Jahre, kämpfte schon ihr ganzes Leben lang mit einer inneren Unsicherheit und mit sozialen Ängsten. Es fiel ihr schwer, mit anderen Menschen Kontakt zu knüpfen oder dauerhafte Freundschaften zu schließen. Vielmehr neigte sie dazu, sich von anderen Menschen zurückzuziehen. Ihre beiden Freundinnen sah sie eher selten. Obwohl sie selbst Menschen mied, litt Petra unter ihrer Einsamkeit und wünschte sich den Kontakt mit anderen Menschen. Sie fühlte sich in einer Zwickmühle gefangen. Sie arbeitete mit dem Prozess *Schöpfer-Transformation* als Erstes an ihrem Selbstwertproblem. Sie erkannte, dass sie sich in einer Minderwertigkeitstrance befand und stellte sich gemeinsam mit einem kleinen Mädchen in die Blase, das schon früher unter diesem Problem gelitten hatte. Es fiel ihr zunächst schwer, die kleine Petra anzunehmen, aber nach und nach wurde es ihr möglich. Im letzten Schritt des Prozesses stellte sie sich vor, wie sie sich innerlich gelassen und sicher unter Menschen bewegt. Je öfter Petra den Prozess ausführte, desto größer wurde ihr Selbstvertrauen. Außerdem arbeitete sie mit ihrer Trennungstrance, da sie sich lange Zeit von Menschen zurückgezogen hatte und sich einsam fühlte. Auch hier fand sie einen inneren Kindanteil, der sich schon sehr früh sehr alleine fühlte. Die Auswirkungen ihrer Arbeit mit dem Transformationsprozess konnte Petra nach einiger Zeit sehr deutlich in ihrem Leben spüren: Sie fühlte sich ihren Arbeitskollegen gegenüber sicherer und sprach häufiger mit ihnen. Sie traf ihre beiden Freundinnen nun wesentlich öfter und baute neue Kontakte auf. Sie bemerkte, dass ihr die gemeinsamen Aktivitäten mit anderen Menschen sehr guttaten und ihr Gefühl der Einsamkeit immer mehr in den Hintergrund rückte. Dies war für sie ein ganz neues Lebensgefühl, und nachdem sie jahrelang Single gewesen war, fühlte sie sich jetzt auch offen dafür, eine neue Partnerschaft einzugehen.

„Seit 2 Jahren mache ich nun schon regelmäßig den 5-stufigen Prozess – je nach Bedarf und Gefühlslage. Ich kann ihn überall machen und benötige dafür kein ‚Werkzeug'. Dadurch, dass ich es für mich ganz allein mache und niemanden dafür brauche, bin ich selbst in der Verantwortung und eigenständig. Ich kann mir selbst helfen. In den letzten Monaten spüre ich eine deutliche Verstärkung der Wirkung. Wo ich vorher zum selben Thema den Prozess häufiger machen musste, reicht nun manchmal schon zwei bis drei Mal aus. Und diese direkte Wirkung zu spüren – das ist ein tolles Gefühl!“
[Lara, 38 Jahre]

15 | Fragen und Antworten

Ich arbeite seit über acht Jahren persönlich und beruflich mit dem Prozess *Schöpfer-Transformation*. Viele Fragen wurden mir im Laufe der Jahre gestellt. Die wichtigsten Fragen und Antworten habe ich für Sie in diesem Kapitel zusammengestellt.

Steht ein Erwachsenen-Ich oder ein Kindanteil in der Blase, wenn ich mich auf der körperlichen Ebene von einem Symptom lösen und dieses transformieren will?

Wenn Sie auf der körperlichen Ebene mit einem Symptom arbeiten, stehen Sie zusammen mit dem Erwachsenen-Ich, das dieses Symptom hat, in der Blase und lösen sich von diesem inneren Anteil, indem Sie aus der Blase heraustreten. Damit verlassen Sie zugleich die Symptomtrance, die dieses Symptom aufrechterhält.

Wie finde ich am besten heraus, in welchem Alter der innere Anteil sein sollte, mit dem ich arbeite?

Fragen Sie sich, wann Sie das Gefühl, mit dem Sie arbeiten wollen, zum ersten Mal gespürt haben. Wenn Sie zum Beispiel mit einem ängstlichen Teil von sich in der Blase stehen, fragen Sie sich, wann Sie diese Ängste zum ersten Mal hatten. Es kann sein, dass Sie ähnliche Ängste bereits in Ihrer Kindheit oder Jugend hatten: Das kann das achtjährige Kind ebenso sein wie ein 16-jähriger innerer Anteil. Arbeiten Sie mit dem inneren Kindanteil, an den Sie sich am eindrücklichsten erinnern.

Wie ziehe ich am besten die Energie aus der Blase?

Es ist nicht notwendig, dass Sie aktiv Ihre Hände nutzen, um die Energie aus der Blase herauszuziehen. Es ist ausreichend, wenn Sie Ihre Handflächen in Richtung Blase richten mit der Absicht und Vorstellung, dass die reine Energie jetzt zu Ihnen fließt. Beobachten Sie, wie die Blase nach und nach kleiner wird, und spüren Sie, wie Sie sich mit der so frei gewordenen Energie auftanken.

Wie gehe ich damit um, wenn ich, während ich die Energie aus der Blase herausziehe, noch an die belastende Situation denke und entsprechende Bilder sehe?

Stellen Sie sich vor, dass die belastende Situation gemeinsam mit der Blase kleiner wird. Das heißt, dass die belastende Situation in die Ferne rückt, bis die Bilder dazu schließlich ganz verschwinden.

Woran erkenne ich, in welcher Phase der Bewusstseinsentwicklung ich mich befinde?

In der ersten Phase befinden Sie sich, wenn Sie in Ihrer Komfortzone sind und sich in Ihrem Leben allgemein sehr wohlfühlen. Sie haben wenig kritische Gedanken und hinterfragen selten Ihre aktuelle Lebenssituation. Das, was in Ihnen und in Ihrem näheren Umfeld vor sich geht, weckt keinen Widerstand in Ihnen, sondern Sie können insgesamt Ja dazu sagen. In der zweiten Phase befinden Sie sich, wenn Sie immer häufiger sich und Ihr Leben hinterfragen. Mit dem, was um sie herum vor sich geht, können Sie sich nicht mehr ohne Weiteres identifizieren. Sie fragen sich, ob das, was Sie bisher erreicht und erlebt haben, alles gewesen ist. In der dritten Phase sind Sie, wenn alle ihre Strategien, wieder in die Komfortzone zu kommen, nicht gefruchtet haben und alle Ihre Bemühungen nur dazu geführt haben, dass Sie noch unzufriedener wurden. Vielleicht fühlen Sie sich erschöpft und müde oder haben verschiedene psychosomatische Symptome. Außerdem könnten Sie unter verschiedenen Problemen im Beruf oder in Ihren Beziehungen leiden. Sie merken, dass Sie alleine nicht mehr weiterkommen. In der vierten Phase sind Sie, wenn Sie die Krise als Chance begreifen und diese nutzen. Sie haben einige Ihrer wichtigsten alten Muster transformieren können. Sie befinden sich nicht mehr überwiegend in Trancezuständen, sondern immer mehr im Hier und Jetzt. In der fünften Phase fühlen Sie sich bereits wesentlich freier von alten Mustern und belastenden Emotionen. Sie haben gezielt an Ihrer Weiterentwicklung und an der Transformation alter Muster gearbeitet. Durch diese Arbeit hat sich Ihr Gesundheitszustand verbessert, Ihr Gefühlsleben ist ausgeglichen und glücklich. Sie erleben schöne Begegnungen mit anderen Menschen.

Reicht es aus, den Prozess zu einem Thema ein Mal durchzuführen, um ein Muster zu transformieren?

In der Regel reicht eine einmalige Durchführung der fünf Schritte nicht aus. Meistens ist es so, dass ein Muster aus der Kindheit vergleichbar ist mit einer Zwiebel: Es gibt einen Kern, der umgeben ist von vielen Schalen. Jedes Mal, wenn Sie die fünf Schritte durchführen, transformieren Sie eine oder mehrere Schalen/Schichten und kommen dadurch dem Kern des Musters immer näher. Wenn Sie schließlich zum Kern gelangen, können Sie auch diesen Bereich transformieren. Dann haben Sie das gesamte Muster transformiert.

Was verändert sich, wenn ich ein Muster komplett transformiert habe?

Wenn Sie ein Muster vollständig transformieren, kann sich eine ganze Menge in Ihrem Leben verändern: Situationen, die sie zuvor belastet haben, tauchen nicht mehr auf, Gefühle, die die Situationen früher begleitet haben, sind nur noch in einer sehr abgeschwächten Form oder gar nicht mehr spürbar. Darüber hinaus kann es sein, dass bestimmte Menschen Ihnen nicht mehr begegnen oder sich Ihnen gegenüber anders verhalten.

In meinem Beruf brauche ich viele kreative Einfälle und diese bleiben in letzter Zeit aus. Wie kann mir der Transformationsprozess dabei helfen?

Indem Sie mithilfe des Prozesses *Schöpfer-Transformation* Ihr Bewusstsein erweitern und mit Ihren eigenen Ressourcen immer mehr in Kontakt kommen, erhalten Sie automatisch mehr Zugang zu Ihrer eigenen Intuition und Kreativität. Wenn Ihre Kreativität blockiert ist, können Sie den Prozess durchführen, um die inneren Beschützer- oder Kindanteile zu transformieren, die Sie hindern, kreativ zu sein. Nach und nach werden Sie sich immer freier fühlen und kreativer werden.

Welche Bereiche und Themen kann ich im fünften Schritt des Prozesses verwirklichen?

Alles, was Sie sich vorstellen können, können Sie im fünften Schritt auch verwirklichen. Die einzige Begrenzung ist Ihre Vorstellungskraft. Sobald Ihr inneres Selbst einen immer größeren Raum in Ihrem Bewusstseinsfokus einnimmt, haben Sie vermehrt Zugang zu Ihren Ressourcen, Ihrer inneren Weisheit und Ihrer Intuition. Über diesen Zugang zeigen sich mehr wunderschöne Möglichkeiten, die verwirklicht werden können, als dies jemals über das begrenzte Ich möglich sein würde.

Wie oft kann/sollte ich den Prozess innerhalb einer Woche durchführen?

Ich empfehle Ihnen, nach der Durchführung des Prozesses immer erst einmal eine Pause zu machen, um die Veränderungen in sich zu integrieren. Es finden tief greifende Veränderungen in Ihrer Psyche, Ihrem Körper, Ihren Emotionen und Ihrem Energiesystem statt, die jeweils eine gewisse Zeit brauchen, um sich in Ihnen zu stabilisieren und dauerhaft zu verankern. Wenn Sie diese Pausen einhalten, können Sie den Prozess durchaus ein oder mehrmals am Tag oder im Verlauf der Woche ausführen.

Was ist das Einzigartige an Schöpfer-Transformation?

Schöpfer-Transformation unterscheidet sich von anderen Methoden insbesondere durch seinen Ansatz. Es geht nicht darum, etwas zu heilen oder zu therapieren. Was üblicherweise als Störung oder Krankheit angesehen wird, ist eigentlich eine spezifische Lernerfahrung der Seele eines Menschen. *Schöpfer-Transformation* unterstützt Sie darin, diese Erfahrung zu vervollständigen und zu integrieren. Hinzukommt eine energetische Verbindung zu einer umfassenderen Ebene Ihres Seins, die durch die Arbeit mit den fünf Schritten entsteht. Beides führt zusammengenommen dazu, dass Sie eine tief gehende Transformation, Ausbalancierung und Bewusstseinserweiterung erleben. Bisher festsitzende Energien und Emotionen können sich wieder lösen und Ihrem Kern zufließen. Lebensfreude und ein tiefes Gefühl der Verbundenheit können sich einstellen. Sie erkennen, dass Sie Teil eines größeren Ganzen sind und einen wichtigen Beitrag durch Ihre erlebte Erfahrung leisten.

Außerdem ist *Schöpfer-Transformation* der einzige Ansatz, der die verschiedensten Ebenen des menschlichen Bewusstseins wie den Körper, die Emotionen, Glaubenssätze und den Zugang zu größeren Ebenen des Seins in der speziellen Abfolge der fünf Schritte miteinbezieht. Durch dieses ganzheitliche Vorgehen ist es weit schneller, effektiver und umfassender möglich, Begrenzungen zu transformieren und erfüllende Lebensumstände zu erschaffen, als dies bisher der Fall war.

Woran erkenne ich, dass ich mich in meinem inneren, erweiterten Selbst befinde?

Ein Gefühl des tiefen, inneren Friedens, der Liebe, Freude und einer starken, inneren Kraft kann Ihnen zeigen, dass Sie sich in Ihrem erweiterten Selbst befinden. Außerdem sind Zuversicht und ein gutes Selbstwertgefühl Anzeichen dafür. Denn dies sind essenzielle Qualitäten Ihres erweiterten Selbst. Je mehr sich Ihr Bewusstsein erweitert, desto mehr werden Sie diese Qualitäten erfahren.

Durch den Prozess Schöpfer-Transformation wird ja mein Bewusstsein erweitert und mein inneres Selbst entfaltet sich. Bedeutet dies, dass ich meine Persönlichkeit immer mehr verliere und ein ganz neuer Mensch werde?

In gewisser Weise entwickeln Sie sich tatsächlich zu einem neuen Menschen, weil Sie bisher brachliegende Potenziale in sich entfalten und ganz andere Möglichkeiten haben, Ihre Wünsche in Ihrem Leben zu manifestieren. Das bedeutet jedoch nicht, dass Ihre individuelle Persönlichkeit, auch mit Ihren Mustern und Gefühlen, die aus der Kindheit stammen, überflüssig wird und vollkommen verschwindet. Im Gegenteil: Die Besonderheiten, die Ihre Persönlichkeit ausmacht, bleiben Bestandteil Ihrer Psyche, doch werden Sie davon nicht mehr beherrscht. Innere Beschützeranteile wie der innere Antreiber, der Perfektionist und innere Kritiker bestimmen nicht mehr Ihr Leben, sondern Sie selbst nehmen Ihr Leben in die Hand als erwachsener, verbundener Mensch, der sich stetig weiterentwickelt.

Kann ich den Fünf-Schritte-Prozess lediglich in der Vorstellung ausführen?

Wenn Sie den Prozess schon lange durchgeführt und viel Erfahrung damit gemacht haben, ist das durchaus möglich. Aber selbst dann würde ich den Prozess im Stehen mit allen konkreten Schritten durchführen, wenn es sich um stärkere Gefühle handelt.

Kann ich meine Gedanken und Gefühle Menschen gegenüber, die ich wirklich ablehne, durch den Prozess verändern?

Das ist durchaus möglich und sogar wahrscheinlich. Denn Ihre Gefühle stammen von Ihren inneren Anteilen, die in einem Trancezustand gefangen sind. Durch den Prozess sind Sie in der Lage, diese Muster und Gefühle zu transformieren. Neben den bisherigen Emotionen verändert sich auch Ihre Haltung. Dies führt dazu, dass Sie sich diesen Menschen gegenüber anders verhalten als bisher und Sie Eigenschaften in ihnen sehen, die Ihnen vorher verborgen waren.

Was ist der Sinn meines Lebens?

Auf tieferer Ebene ist der Sinn Ihres Lebens, in diesem Körper auf diesem Planeten Erfahrungen zu sammeln. Und das haben Sie bereits Ihr ganzes bisheriges Leben gemacht und tun dies weiterhin. Auf diese Weise erfüllen Sie mit allem, was Sie erleben, Ihren Lebenssinn, auch wenn Ihnen dies gar nicht bewusst sein mag. Jedes Gefühl von Ihnen ist eine für das Gesamtbewusstsein wichtige Erfahrung.

In letzter Zeit kommen Emotionen in einer Intensität in mir auf, wie ich sie bisher noch nie erlebt habe. Woran kann das liegen?

In dieser Zeitenwende, in der wir leben, liegt dies häufig an den verstärkten Transformationsenergien. Durch sie werden bisher verdrängte Gefühle und alte Muster aktiviert und somit spürbarer als zuvor. Dies ist für viele zunächst unangenehm, aber viele Menschen entwickeln sich dadurch schneller in Richtung Phase 4 und 5 der Bewusstseinsentwicklung. Das heißt, alte Muster und bisher verdrängte Gefühle werden deutlich schneller transformiert als vorher.

Gibt es innere Führer, die mir helfen und die mich begleiten?

Ja, die gibt es. Insbesondere Ihr inneres Selbst ist solch ein Führer, der Ihnen in Träumen und stillen Momenten Erkenntnisse in Form von Bildern oder inneren Sätzen schenkt. Es schenkt Ihnen auch immer wieder Impulse, die in Ihnen arbeiten, ohne dass es Ihnen zunächst bewusst ist. Manchmal verspüren Sie eine positive Veränderung und wissen gar nicht, warum. Sie können bewusst mit dieser inneren Führung Kontakt aufnehmen, indem Sie sich stille Momente schaffen, zum Beispiel in der Meditation oder in der Natur, und um Führung bitten. Oft wird es nicht lange dauern, bis Sie Zugang zu inneren Einsichten erhalten.

Wird bei Schöpfer-Transformation ein perfekter Mensch angestrebt?

Ganz klar: Nein. Es geht nicht um Perfektion. Vielmehr geht es darum, Erfahrungen zu vervollständigen, Zugang zum eigenen inneren Reichtum und den eigenen Ressourcen zu bekommen und das eigene Bewusstsein zu erweitern. Auch Menschen in der fünften Phase sind nicht perfekt in dem Sinne, dass sie keinerlei Fehler mehr begehen. Die Frage ist auch, was Fehler überhaupt sind. Das können nur Dinge sein, die das Kontroll-Ich, der innere Kritiker und der Verstand als Fehler bewerten. Im Sinne des Gesamtbewusstseins gibt es keine Fehler, sondern alle Erfahrungen sind gleichermaßen von Wert. Das bedeutet nicht, dass wir sämtliche unserer Verhaltensweisen oder die anderer Menschen gutheißen und weiterführen sollten. Doch je mehr wir uns mit dem Gesamtbewusstsein verbinden, desto mehr werden Verhaltensweisen, die uns selbst und anderen Menschen schaden, abnehmen.

Ich habe Zweifel, ob der Prozess überhaupt etwas bringt. Wie kann ich damit umgehen?

Höchstwahrscheinlich stammen diese Zweifel von Ihrem inneren Kritiker, und mit dem können Sie arbeiten. Stellen Sie sich vor, dass Sie mit Ihrem inneren Kritiker zusammen in der Blase stehen. Dann treten Sie aus der Blase heraus und machen die oben beschriebenen weiteren Schritte des Prozesses. Im fünften Schritt visualisieren Sie, dass Sie Vertrauen zu sich und zu den eigenen Schritten der Transformation haben. Visualisieren Sie sich selbst als den Menschen, der das schon erreicht hat. Anschließend treten Sie in diese Realität hinein und lassen die Energie und Gefühle in Ihren Körper einfließen. Es gibt möglicherweise weitere Gründe für Ihre Zweifel. Bei jedem einzelnen Schritt können anfangs Schwierigkeiten auftauchen, die mit zunehmender Übung verschwinden. Zum Beispiel kann es sein, dass Sie zwar aus der Blase herausgetreten sind, aber den Trancezustand nicht wirklich verlassen haben. Mit der Zeit erkennen Sie dies immer deutlicher, und die Veränderung wird immer schneller erfolgen und tiefer gehen.

Könnten andere Menschen daran Anstoß nehmen, wenn ich meine alten Muster und Begrenzungen in relativ kurzer Zeit transformiere und sich vieles in meinem Leben ändert?

Natürlich könnte das passieren. Dies gilt allerdings für alles, was Sie in Ihrem Leben tun oder nicht tun. Sie können zu jeder Zeit in anderen Menschen sehr viel auslösen, indem Sie deren alte psychische Muster und inneren Anteile aktivieren. Das gilt besonders dann, wenn Sie Ihr eigenes Bewusstsein erweitern. Auf diese Weise strahlen Sie Ihre eigenen Essenzqualitäten immer mehr aus und berühren damit andere Menschen. Das wiederum aktiviert verstärkt deren alte Muster. Es gibt allerdings keinerlei Grund, dass Sie sich dafür schuldig fühlen müssten, dass es Ihnen besser geht. Im Gegenteil: Nach einiger Verwunderung könnten die anderen Sie fragen, wie Sie das geschafft haben. Indem Sie über Ihre Erfahrungen berichten, kann dies einen sehr positiven Anstoß zur Veränderung bei anderen erzeugen.

Ist Schöpfer-Transformation auch ein spiritueller Entwicklungsweg?

Nach meiner Auffassung gibt es keine Trennung zwischen „dem Leben" und Spiritualität. Alle Erfahrungen, die Sie machen, so banal sie Ihnen auch erscheinen mögen, stellen einen wichtigen Beitrag für das Ganze dar. Somit ist jeder Mensch spirituell, unabhängig davon, ob er sich dessen bewusst ist, meditiert, einem geistigen Lehrer folgt oder nicht. *Schöpfer-Transformation* erhöht jedoch die Wahrnehmung Ihrer individuellen Verbindung zur Quelle allen Seins und die transformativen Energien Ihrer Essenz können immer mehr in Ihren Körper und Ihr Leben fließen.

Für wen eignet sich der Prozess der Schöpfer-Transformation?

Der Prozess eignet sich für alle Menschen, die spüren, dass in ihnen mehr Potenzial steckt als das, was sie bisher leben, und dass jetzt die Zeit ist, mithilfe dieser innewohnenden Möglichkeit zu einem erfüllten Leben zu erwachen.

Muss ich alle meine alten Muster und die dazugehörigen Emotionen transformieren?

Es geht bei dem Prozess nicht um Quantität. Auch Menschen in der fünften Phase der Bewusstseinsentwicklung haben zumeist nicht alle ihre inneren Muster transformiert. Aber sie tragen besonders stark dazu bei, dass der Gesamtprozess der Evolution des Bewusstseins voranschreitet.

Wir leben in einer sehr widersprüchlichen Welt, in der es sehr viel Ungerechtigkeit gibt. Was kann ich als Einzelner zu einer Verbesserung beitragen?

Unterschätzen Sie nicht den Einfluss auf die Gesamtentwicklung, den Sie als einzelner Mensch haben. Indem Sie regelmäßig an Ihren inneren Mustern arbeiten und diese transformieren, tragen Sie zu mehr Frieden und Gerechtigkeit und zu weniger Trennung in der Welt bei. Das liegt daran, dass Sie über das nichtlokale Informationsnetz, das uns alle miteinander verbindet, Ihre Erfahrungen an die Gesamtheit der Menschheit weiterleiten. Je mehr Menschen dies tun, desto größer ist der Einfluss auf das gesamte Bewusstsein. Auch wenn Sie vielleicht weniger nach außen aktiv werden, so tragen Sie mit Ihrer Eigenentwicklung doch enorm zur Gesamtevolution des Bewusstseins bei.

Gibt es überhaupt eine Chance, dass sich in unserer Welt alles noch einmal zum Besseren wendet?

Ich bin davon überzeugt, dass es diese Chance gibt. Es gibt keine vorherbestimmte Zukunft, wir erschaffen die Realität ständig von Neuem. Je mehr Menschen in ihre bewusste Schöpferkraft kommen, desto schneller geht eine globale Veränderung vonstatten. Die verstärkten Transformationsenergien unseres heutigen Zeitalters begünstigen diesen Prozess.

16 | Möglichkeiten und Grenzen von Schöpfer-Transformation

In den vergangenen Jahrhunderten und Jahrtausenden ging es darum, Erfahrungen zu sammeln und diese Erfahrungen zu vervollständigen. Wenn ein Mensch ein altes Muster hatte, wurde es immer wieder in äußeren Situationen aktiviert und zeigte sich in Form von Gedanken, Gefühlen und bestimmten Verhaltensweisen. Er konnte dieses Muster nur auflösen, wenn er die Erfahrung vervollständigt hatte. Er vervollständigte sie durch Lernprozesse im Verlauf seines Lebens. Dies war eine langwierige Angelegenheit. Der Schöpferprozess hilft im Sinne unserer heutigen Zeit, die alten Muster viel schneller aufzulösen. Es hat ein neues Zeitalter begonnen, in dem Ich-Begrenzungen immer weniger Sinn machen. Da das Gesamtbewusstsein mittlerweile genügend Erfahrungen gesammelt hat, ist eine Vervollständigung des Musters durch weitere Erfahrungen im Außen immer weniger notwendig. Begrenzungen, deren Sinn es war, Menschen zu ermöglichen, möglichst viele und unterschiedliche Erfahrungen zu sammeln, sind überflüssig geworden. Deswegen können sich die Begrenzungen auflösen, mit der Folge, dass wir als Menschen wieder in unser Potenzial und unser Ursprungsbewusstsein kommen.

Mit dem Prozess *Schöpfer-Transformation* werden die Muster nicht mehr ausagiert, sondern transformiert. Ich möchte Sie mit diesem Buch dabei unterstützen. Die Zeit, in der wir leben, ist einzigartig. Seit der Mensch existiert, hat es solch eine Zeitqualität noch nicht gegeben. Die Menschheit steht sozusagen am Gipfel und dem Beginn einer außerordentlichen Bewusstseinsentwicklung. Auch Sie können jetzt Ihre bisherigen Begrenzungen transformieren. Eine immer stärker werdende Transformationsenergie in dieser Welt berührt jedes einzelne Wesen. Was wir als Krisen und unangenehme Gefühle erleben, bedeutet nichts anderes als dass die Transformationsenergie verstärkt unsere Grenzen berührt. Früher verdrängte Gefühle drängen an die Oberfläche und holen uns aus unserer Komfortzone. Denken Sie daran, dass dies eine große Chance darstellt, nämlich die, diese Grenzen zu überwinden und zu einem neuen Leben zu erwachen.

Ein Leben, in dem Sie an Ihr größeres Potenzial und an ein größeres Bewusstsein angeschlossen sind. Grenzen in Ihnen und zwischen den Menschen werden durchlässiger, die innerste Verwandtschaft mit allen Menschen wird immer mehr von jedem Einzelnen erkannt. Dadurch verschwinden Gefühle wie Konkurrenz, Angst und Feindseligkeit. Stattdessen kommen vermehrt Gefühle wie Mitgefühl, Liebe und Kooperationsbereitschaft auf. Der Prozess *Schöpfer-Transformation* bietet eine sehr gut umsetzbare und schnelle Möglichkeit, mit alten Mustern und Gefühlen zu arbeiten und diese zu transformieren. Im Verlaufe des eigenen Transformationsprozesses kommt es zu einer Bewusstseinserweiterung, der Zugang zum eigenen Potenzial wird größer und leichter. Über die nichtlokale Informationsmatrix, die uns Menschen alle miteinander verbindet, werden diese Erfahrungen an andere Menschen weitergeleitet und bewirken auch bei ihnen nach und nach Veränderungsprozesse. Somit ist der Prozess *Schöpfer-Transformation* ein wichtiger Beitrag aller Entwicklungsbestrebungen von Menschen, die an sich arbeiten, unabhängig davon, mit welcher Methode sie dies tun.

Die Wirksamkeit dieses Werkzeugs ist nur begrenzt durch das Bewusstsein desjenigen, der es anwendet. Jeder Einzelne entscheidet darüber, wie schnell und wie viel Begrenzungen er im eigenen Leben transformieren möchte. Viele Menschen machen schnelle und sehr umfassende Schritte, andere scheinbar eher kleinere in geringerem Tempo. Beides ist richtig, da der innere Schöpfer eines Menschen, der mit dem umfassenden Bewusstsein aller Menschen verbunden ist, genau weiß, welche Veränderungen in welchem Tempo optimal sind. Ziel des Prozesses *Schöpfer-Transformation* ist nicht, immer gute Laune zu haben und nie mehr wütend, ängstlich, hilflos oder unsicher zu sein. Im Leben gibt es immer Schwankungen genau wie in der Natur. Verschiedenste Gefühlsfärbungen gehören ebenfalls zum Leben. Der Unterschied ist, dass Sie mithilfe des Prozesses *Schöpfer-Transformation* nicht in einer Stimmung oder einem Gefühl feststecken und von ihm beherrscht werden, sondern in der Lage sind, aus den entsprechenden Trancezuständen herauszutreten ins Hier und Jetzt.

Nachwort

Liebe Leserin, lieber Leser, nachdem Sie beim Lesen an dieser Stelle des Buches angekommen sind, hoffe ich, dass Sie damit wichtige Erkenntnisse für sich selbst und Ihr Leben sammeln konnten. Ich wünsche mir, dass Sie auch in Zukunft in ähnlicher Weise von dem Transformationsprozess profitieren wie ich selbst und viele der Menschen, die ich eine Zeit lang auf ihrem Weg begleiten durfte. Ich danke Ihnen ganz herzlich für Ihre Geduld und Ihr Engagement für Ihren eigenen Transformationsprozess! Seien Sie gewiss, dass Sie dies nicht nur für sich selbst tun, sondern auch für den globalen Prozess der Bewusstseinserweiterung, der nach und nach immer mehr Menschen erfasst. Durch Ihr Engagement tragen Sie wesentlich dazu bei. Danke auch dafür. Auf einer tieferen Ebene sind wir ohnehin alle verbunden. Darüber hinaus hoffe ich, dass wir uns auf die eine oder andere Weise auch hier auf der physischen Ebene, in dieser Welt begegnen werden.

Ich wünsche Ihnen ein gutes Gelingen!

Glossar

Bewusstsein: Das allumfassende Bewusstsein ist der Ursprung alles Erschaffenen und umfasst alle bewussten Wesen in allen Realitäten. Man kann zwischen dem Bewusstsein des begrenzten Ich, dem Schöpfer-Selbst und dem allumfassenden Sein unterscheiden. Das allumfassende Bewusstsein existiert unabhängig von unseren Körpern und Gehirnen.

Bewusstseinsfokus: Der Bereich, in dem Ihnen etwas bewusst ist. Stellen Sie sich diesen Fokus als eine Art Kugel vor, die eine bestimmte Größe hat. Je größer diese Kugel, desto erweiterter ist das Bewusstsein eines Menschen.

Das begrenzte Ich: Es besteht aus einem Bewusstseinsfokus, in dem sich in den ersten drei Phasen der Bewusstseinsentwicklung zum größten Teil Beschützeranteile befinden. Durch Ihr Ich erfahren Sie die Wirklichkeit wie durch eine Art Filter.

Das innere Selbst: Es gehört zum Schöpfer-Selbst und ist mit dem umfassenden Bewusstsein verbunden. Es repräsentiert Ihr Schöpfer-Selbst in Ihrem Leben, Ihrem Körper und Ihrem Bewusstseinsfokus. Im Verlauf der 5 Bewusstseinsphasen dehnt es sich im Bewusstseinsfokus aus.

Das Unbewusste: Bezogen auf das begrenzte Ich gibt es den Bereich des *persönlichen Unbewussten,* in dem sich alle unerwünschten, inneren Anteile und Emotionen befinden, die zuvor von den Beschützeranteilen verdrängt wurden. Darüber hinaus gibt es das *kollektive Unbewusste* (entspricht dem Begriff von C.G. Jung), das die Erfahrungen aller Menschen aus der Vergangenheit enthält. Außerdem gibt es das *unbewusste Informationsfeld,* das uns alle verbindet und identisch mit der Informationsmatrix ist.

Doppelgänger: Eine andere Version von Ihnen, die es in den parallelen Realitäten gibt.

Erwachen: Wenn sich das innere Selbst immer mehr im Bewusstseinsfokus ausdehnt, erweitert sich das Bewusstsein eines Menschen. In der fünften Phase erwacht dieser Mensch aus den Trancezuständen und erhält immer mehr Zugang zu seinem Potenzial.

Feld der Möglichkeiten: Der Bereich, in dem Sie Zugang zu Parallelrealitäten haben. Über das Feld der Möglichkeiten können Sie Kontakt mit einer Realität aufnehmen, in der Ihre Wünsche bereits umgesetzt sind.

Ich-Identitäten: Plural von Ich. Das Schöpfer-Selbst umfasst mehrere Ich-Identitäten, die zu verschiedenen Zeiten und an bestimmten Orten inkarniert sind.

Informationsmatrix: Wird unterschiedlich bezeichnet, zum Beispiel auch als Akasha-Chronik, Akasha-Feld oder als alles verbindendes Holofeld, in dem Informationen nichtlokal und in Nullzeit ausgetauscht werden. Nur das innere Selbst, das sich bereits im Bewusstseinsfokus eines Menschen entfalten konnte, nimmt diese Informationen bewusst wahr.

Innere Anteile: Innere Anteile kann man als innere Personen unterschiedlicher Altersstufen betrachten, die bestimmte Emotionen in sich tragen. Anteile haben mit Erfahrungsinhalten zu tun, mit psychischen Mustern. Ein Kindanteil ist mit einem Muster verknüpft, das bestimmte Glaubenssätze, Denk- und Verhaltensweisen umfasst. Es gibt auch innere Anteile, die bestimmte Aufgaben übernehmen wie den Schutz vor unangenehmen Gefühlen.

Muster: Muster sind komplexe Schöpfungen. An ihnen sind immer ein oder mehrere Trancezustände beteiligt, die sich abwechseln können, ebenso wie innere Anteile, die bestimmte Emotionen in sich tragen. Außerdem umfassen sie Glaubenssätze, die Gefühle auslösen und damit innere Anteile aktivieren. Sie haben einen starken Einfluss auf das bewusste Denken und das Verhalten.

Parallelrealitäten: Realitäten, die parallel existieren, damit Ihr Schöpfer-Selbst über unterschiedlichste Variationen von möglichen Erfahrungen noch umfassendere Informationen für das Gesamtbewusstsein sammeln kann.

Quantengeist: Andere Bezeichnung für das allumfassende Bewusstsein, das auch kosmisches Bewusstsein oder Quantenbewusstsein genannt wird.

Schöpfer-Selbst: Ihr Schöpfer-Selbst ist Ihr größeres und bewusstes Selbst, das alles umfasst, was Sie ausmacht, auch Ihre bisher unentdeckten Potenziale. Je mehr Sie alte Muster transformieren, desto stärker kann Ihr Schöpfer-Selbst in Ihr begrenztes Ich Eingang finden und sich dort manifestieren.

Schöpfer-Selbste: Plural von Schöpfer-Selbst. Aus der Einheit entstanden alle Schöpfer-Selbste, die wiederum verschiedene Ich-Identitäten (Menschen) erschaffen, um möglichst viele Erfahrungen machen zu können.

Schöpfer-Transformation: Dieser Begriff meint, dass Sie Schöpfer Ihres Lebens und Ihrer Lebensumstände sind.

Trancezustand: Trance ist ein Zustand, in dem der Fokus der Aufmerksamkeit reduziert ist und das Bewusstsein sich auf einen sehr eingeschränkten Bereich konzentriert.

Anmerkungen

1. Vgl. Maslow, Abraham H.: Motivation und Persönlichkeit, rororo, Reinbek, 1981 und Maslow, Abraham: Jeder Mensch ist ein Mystiker: Impulse für die seelische Ganzwerdung, Verlag Peter Hammer, Wuppertal, 2014

2. Vgl. Ardagh, Arjuna: Die lautlose Revolution: Wie eine im Alltag gelebte Spiritualität uns und die Welt verändert, Kamphausen Verlag, Bielefeld, 2006

3. Vgl. Erickson, Milton H.: Hypnotherapie. Aufbau, Beispiele, Forschungen, Klett-Cotta, Stuttgart, 2007

4. Vgl. Wolinsky, Stephen: Die alltägliche Trance. Heilungsansätze in der Quantenpsychologie, Lüchow, Freiburg, 1999

5. Vgl. Schwartz, Richard C.: Systemische Therapie mit der inneren Familie, Klett-Cotta, Stuttgart, 2011

6. Vgl. König, Karl: Abwehrmechanismen. Vandenhoeck und Ruprecht, Göttingen, 1997

7. Vgl. Schymanski, Ingo: Im Teufelskreis der Lust, Schattauer Verlag, Stuttgart, 2015

8. Vgl. Jung, Carl Gustav: Die Beziehungen zwischen dem Ich und dem Unbewussten, zweiter Teil, Die Individuation, Deutscher Taschenbuch Verlag, München, 2014

9. Vgl. Alle Achtung vor dem Stress, Bertelsmann-Stiftung, 2014: http://www.bertelsmannstiftung.de/fileadmin/files/user_upload/Alle_Achtung_vor_dem_Stress_.pdf

10. Vgl. Rentenversicherung in Zeitreihen, Ausgabe 2014, Publikation der deutschen Rentenversicherung

11. Neuere Ansätze in der Psychotherapie wie die „Ego-State-Therapie" nach John und Helen Watkins, die „Voice-Dialogue-Methode" von Hal und Sidra Stone oder das „Internal Family System" nach Dr. Richard C. Schwartz gehen ebenfalls vom Vorhandensein innerer Anteile in der Psyche jedes Menschen aus. Diese Ansätze wurden ursprünglich zur psychotherapeutischen Unterstützung von Menschen entwickelt.

12. In jüngster Zeit wurde untersucht, welche Wirkung der intensive Duft von Jasminblüten, sei es in der Natur oder in Form eines ätherischen Öles, auf uns hat. Dabei zeigte sich, dass er eine ähnlich starke entspannende und entstressende Wirkung hat wie viele Psychopharmaka.

13. Christian Kaysers beschreibt in seinem Buch „Unser empathisches Gehirn" die Funktionsweise der Spiegelneuronen und welchen Einfluss sie auf unser Leben und unsere Beziehungen zu anderen Menschen haben.

14. Die Einzelheiten werden ausführlich im Buch „Der Darm-IQ" von Joachim Bernd Vollmer dargestellt.

15. Doc Childre beschreibt in seinem Buch „Stressfrei mit Herzintelligenz", dass das Muster des Herzrhythmus bestimmte Emotionen weit besser widerspiegelt als andere Messungen am menschlichen Körper. Die Herzfrequenz (die Anzahl der Herzschläge pro Minute) ändert sich mit jedem Herzschlag im messbaren Bereich ein wenig. Diese kleinen Veränderungen werden als Herzfrequenzvariabilität oder Herzrhythmusanalyse bezeichnet. Childre bezeichnet die Verbindung aus körperlichem Herzen und Emotionen als das energetische Herz. Er meint damit, dass das elektromagnetische Feld des Herzens unsere emotionalen Energiemuster trägt. Die Wellen, die das Herz ausstrahlt, wirken sich somit auf andere Menschen in Ihrer Umgebung aus.

16. In der Kabbala, der jüdischen Mystik, wird ein Wesen namens Adam Kadmon als Urbild des Menschen verstanden. Dessen Abbild ist der irdische Mensch. Der Religionshistoriker Gershom Scholem beschreibt in seinem Buch „Zur Kabbala und ihrer Symbolik", dass nach den Vorstellungen des aus dem 16. Jahrhundert stammenden Kabbalisten Isaak Luria die Schöpfung durch eine Selbstbeschränkung des göttlichen, unendlichen Seins eingeleitet wird. Durch Adam Kadmon fließt die göttliche Kraft in Form von Licht in die Welt und erschafft so das, was Menschen als Realität wahrnehmen.

17. Vgl. Campbell, Thomas: Meine große Theorie von Allem: My Big TOE. Buch 1: Erwachen, Monsenstein und Vannerdat, Münster, 2013

18. Der Arzt und Bio-Forscher Dr. Robert Lanza schreibt in seinem Buch „Biocentrism", dass das Leben und Bewusstsein ausschlaggebend für das Verständnis des Universums ist. Nicht das Gehirn erzeugt das Bewusstsein, sondern es ist aus seiner Sicht umgekehrt: Das Bewusstsein erschafft und steuert Materie. Lanza erklärt dies auf der Grundlage vieler neuerer Erkenntnisse aus Naturwissenschaften und Quantenphysik.

19. Vgl. Popp, Fritz-Albert: Biophotonen – Neue Horizonte in der Medizin, Karl F. Haug Verlag, Stuttgart, 2006; vgl. Scott-Mumby, Keith: Medicine Beyond: Startling New Dimensions Of Health and Healing For The Future, Verlag Mother Whale, 2015; vgl. Kelly, Robin: The Human Antenna: Reading the Language of the Universe in the Songs of Our Cells, Verlag Elite Books, 2007

20. Lipton, Bruce H., Bhaerman, Steve: Spontane Evolution. Wege zum neuen Menschen, Koha Verlag, Burgrain, 2009

21. Vgl. Hameroff, Stuart, Penrose, Roger: Consciousness in the universe: a review of the 'Orch OR' theory. Phys Life Rev. 2014 Mar;11(1):39-78. doi: 10.1016/j.plrev.2013.08.002. Epub 2013 Aug 20.

22. Dies bestätigt auch der Arzt und Bewusstseinsforscher Dr. Robin Kelly in seinem Buch „The Human Hologram: Living Your Life in Harmony with the Unified Field“. Er schreibt darin über Forschungen zur Umwandlung von Raumenergie und den darin enthaltenen Informationen in Biophotonen-Licht.

Literatur

Ardagh, Arjuna: Die lautlose Revolution: Wie eine im Alltag gelebte Spiritualität uns und die Welt verändert, Kamphausen Verlag, Bielefeld, 2006

Campbell, Thomas: *Meine* große Theorie von Allem: My Big TOE. Buch 1: Erwachen, Monsenstein und Vannerdat, Münster, 2013

Childre, Doc, Rozman, Deborah: Stressfrei mit Herzintelligenz, VAK Verlag, Kirchzarten bei Freiburg, 2006

Deutsch, David: Die Physik der Welterkenntnis: Auf dem Weg zum universellen Verstehen, Deutscher Taschenbuch Verlag, München, 2000

Dossey, Larry: One Mind: Alles ist mit allem verbunden, Crotona Verlag, 2014

Erickson, Milton H.: Hypnotherapie. Aufbau, Beispiele, Forschungen, Klett-Cotta, Stuttgart, 2007

Jung, Carl Gustav: Die Beziehungen zwischen dem Ich und dem Unbewussten, Die Individuation, Deutscher Taschenbuch Verlag, München, 2014

Kaysers, Christian: Unser empathisches Gehirn: Warum wir verstehen, was andere fühlen, btb Verlag, München, 2014

Kelly, Robin: The Human Hologram: Living Your Life in Harmony with the Unified Field, Verlag Energy Psychology, 2011

Kelly, Robin: The Human Antenna: Reading the Language of the Universe in the Songs of Our Cells, Verlag Elite Books, 2007

König, Karl: Abwehrmechanismen. Vandenhoeck und Ruprecht, Göttingen, 1997

Lanza, Dr. Robert, Berman, Bob: Biocentrism: How Life and Consciousness are the Keys to Understanding the True Nature of the Universe, BenBella Books, 2010

Laszlo, Ervin: Der Akasha-Code – Wie das kosmische Bewusstseinsfeld uns beeinflusst, ViaNova Verlag, Petersberg, 2010

Lipton, Bruce H., Bhaerman, Steve: Spontane Evolution. Wege zum neuen Menschen, Koha Verlag, Burgrain, 2009

Maslow, Abraham H.: Motivation und Persönlichkeit, rororo, Reinbek, 1981

Maslow, Abraham: Jeder Mensch ist ein Mystiker: Impulse für die seelische Ganzwerdung, Verlag Peter Hammer, Wuppertal, 2014

Peters, Markus: Gesundmacher Herz. Wie es uns steuert, verbindet und heilt. Der geniale Impulsgeber für Körper und Seele, VAK Verlag, Kirchzarten bei Freiburg, 2014

Popp, Fritz-Albert: Biophotonen – Neue Horizonte in der Medizin, Karl F. Haug Verlag, Stuttgart, 2006

Scholem, Gershom: Zur Kabbala und ihrer Symbolik. 3. Auflage. Suhrkamp, Frankfurt am Main 1981

Satir, Virginia: Selbstwert und Kommunikation. Familientherapie für Berater und zur Selbsthilfe (Leben Lernen 18), Stuttgart, 2013

Scott-Mumby, Keith: Medicine Beyond: Startling New Dimensions Of Health and Healing For The Future, Verlag Mother Whale, 2015

Schymanski, Ingo: Im Teufelskreis der Lust, Schattauer Verlag, Stuttgart, 2015

Schwartz, Richard C.: Systemische Therapie mit der inneren Familie, Klett-Cotta, Stuttgart, 2011

Stone, Hal und Sidra: Du bist viele, Heyne Verlag, München, 1994

Vollmer, Joachim Bernd: Der Darm-IQ. Wie das Bauchhirn unser körperliches und seelisches Wohlbefinden steuert, Integral Verlag, München, 2014

Watkins, John G. und Helen H.: Ego-States – Theorie und Therapie: Ein Handbuch, Carl Auer Verlag, Heidelberg, 2012

Wolinsky, Stephen: Die alltägliche Trance. Heilungsansätze in der Quantenpsychologie, Lüchow, Freiburg, 1999

Über den Autor

Reiner Noreisch ist Diplom-Psychologe mit eigener Praxis in Lübeck und arbeitet seit 25 Jahren als Psychotherapeut und Seminarleiter. Bereits in seiner Kindheit entdeckte er die Kraft der stillen Einkehr und spürte damals schon, dass eine Anbindung an etwas Größeres existiert. Seit 40 Jahren beschäftigt er sich mit Spiritualität und absolvierte Aus- und Fortbildungen u.a. in Hypnotherapie, Arbeit mit inneren Anteilen sowie in körperorientierten und energetischen Behandlungsverfahren. Eine bewusstseinserweiternde Erfahrung im Jahr 1994 ließ ihn seine eigene Schöpferkraft und die tiefe Verbindung mit einem größeren, uns allen innewohnenden und verbindenden Bewusstsein erkennen. Daraufhin entwickelte er die Methode *Schöpfer-Transformation*. Er bietet dazu regelmäßig Einführungsseminare und eine stufenweise Ausbildung an, für Menschen, die den Prozess *Schöpfer-Transformation* auch beruflich einsetzen möchten.

Weitere Informationen finden Sie unter
www.schöpfertransformation.de

Über den Verlag